suhrkamp taschenbuch 5302

Im Jahr 1928, als in Europa die Zeichen auf Surrealismus standen, erschien in Spanien ein Buch, das zu den seltenen Massenerfolgen in der Geschichte der Lyrik zählt. García Lorcas *Zigeunerromanzen* sind faszinierende, hybride Gebilde: Der Autor beherrscht das ölige Pathos des Moritatensängers so gut wie die ironische Pointe, lässt die Verfahren der Avantgarden auf den traditionellen Romanzenvers prallen, schiebt Ähnliches und Unähnliches ineinander. Was steckt hinter diesem andalusischen Bilderbogen mit seinen melancholischen Schmugglern und transsexuellen Erzengeln, seinen Zigeunermadonnen, Straßenkindern, Märtyrern und biblischen Prinzessinnen?

Federico García Lorca, geboren 1898 in Fuente Vaqueros, Granada, studierte und begann zunächst eine Ausbildung zum Musiker. Frühen Veröffentlichungen folgte 1920 die Uraufführung seines ersten Theaterstücks. 1929 die Reise nach New York, aus der sein Band *Dichter in New York* hervorging. 1930 reiste er nach Kuba. Ab 1931 arbeitete er für die spanischen Republikaner. 1936, zu Beginn des Spanischen Bürgerkriegs, stellte Federico García Lorca sein Hauptwerk *Bernarda Albas Haus* fertig. Als er sich zu seinen Eltern ins Gebiet der faschistischen Falange begab, wurde er verhaftet und an der Friedhofsmauer von Fuente Grande erschossen.

FEDERICO GARCÍA LORCA

ZIGEUNERROMANZEN

Primer romancero gitano
1924-1927

Gedichte

Zweisprachige Ausgabe

Aus dem Spanischen übersetzt und
mit einem Nachwort versehen
von Martin von Koppenfels

SUHRKAMP

Die spanische Originalausgabe erschien 1928 unter dem Titel
Primer romancero gitano 1924-1927.

Erste Auflage 2022
suhrkamp taschenbuch 5302

Umschlaggestaltung: Brian Barth, Berlin
Printed in Germany
ISBN 978-3-518-47302-3

www.suhrkamp.de

Zigeunerromanzen

Primer romancero gitano
1924-1927

1

Romance de la luna, luna

A Conchita García Lorca

La luna vino a la fragua
con su polisón de nardos.
El niño la mira, mira.
El niño la está mirando.
En el aire conmovido
mueve la luna sus brazos
y enseña, lúbrica y pura,
sus senos de duro estaño.
Huye luna, luna, luna.
Si vinieran los gitanos,
harían con tu corazón
collares y anillos blancos.
Niño, déjame que baile.
Cuando vengan los gitanos,
te encontrarán sobre el yunque
con los ojillos cerrados.
Huye luna, luna, luna,
que ya siento sus caballos.
Niño, déjame, no pises
mi blancor almidonado.

El jinete se acercaba
tocando el tambor del llano.
Dentro de la fragua el niño,
tiene los ojos cerrados.
Por el olivar venían,

1
Mondsüchtige Romanze

Für Conchita García Lorca

Kam einmal Frau Mond zur Schmiede,
duftend und mit Krinoline.
Und der Junge sieht sie, sieht sie,
und der Junge sieht sie an.
In den aufgeregten Lüften
spielt Frau Mond mit ihren Armen
und sie zeigt ihm, spröd und lüstern,
Brüste aus getriebenem Zinn.
Mond, Mond, Mond, versteck dich schnell.
Wenn jetzt die Zigeuner kämen,
würden sie aus deinem Herzen
Schmuck und blanke Ringe machen.
Laß mich, Kleiner, ich will tanzen.
Wenn sie kommen, die Zigeuner,
finden sie dich auf dem Amboß,
deine Augen fest geschlossen.
Mond, Mond, Mond, versteck dich schnell,
hörst du nicht schon ihre Pferde.
Laß mich, Kleiner, tritt mir nicht
auf den weiß gestärkten Schein.

Immer näher kam der Reiter,
schlug das Land wie eine Trommel.
In der Schmiede liegt der Junge,
seine Augen fest geschlossen.
Durchs Olivenwäldchen kamen,

bronce y sueño, los gitanos.
Las cabezas levantadas
y los ojos entornados.

Cómo canta la zumaya,
¡ay cómo canta en el árbol!
Por el cielo va la luna
con un niño de la mano.

Dentro de la fragua lloran,
dando gritos, los gitanos.
El aire la vela, vela.
El aire la está velando.

Traum und Bronze, die Zigeuner.
Ritten mit erhobenen Köpfen
und mit halb geschlossenen Augen.

Wie das Käuzchen ruft und ruft,
wie es ruft aus seinem Baum!
Und Frau Mond spaziert am Himmel,
führt ein Kind an ihrer Hand.

Aus der Schmiede laute Schreie,
drinnen weinen die Zigeuner.
Und die Luft verhüllt sie, hüllt sie,
und die Luft hüllt sie schon ein.

2
Preciosa y el aire

A Dámaso Alonso

Su luna de pergamino
Preciosa tocando viene,
por un anfibio sendero
de cristales y laureles.
El silencio sin estrellas,
huyendo del sonsonete,
cae donde el mar bate y canta
su noche llena de peces.
En los picos de la sierra
los carabineros duermen
guardando las blancas torres
donde viven los ingleses.
Y los gitanos del agua
levantan por distraerse,
glorietas de caracolas
y ramas de pino verde.

*

Su luna de pergamino
Preciosa tocando viene.
Al verla se ha levantado
el viento, que nunca duerme.
San Cristobalón desnudo,
lleno de lenguas celestes,
mira a la niña tocando
una dulce gaita ausente.

2
Preciosa und der Wind

Für Dámaso Alonso

Mit dem Mond aus Pergament
in der Hand erscheint Preciosa,
und ihr Pfad ist ein Amphibium,
halb Kristall, halb Lorbeerwald.
Ihr Tamtam verjagt die Stille,
die fällt sternlos in die Wellen,
wo das Meer sich bricht und singt:
meine Nacht ist voller Fische.
Auf den Zacken des Gebirges
liegen schlafend die Gendarmen,
Wächter bei den weißen Türmen,
die die Engländer bewohnen.
Und die Meerzigeuner bauen
Pavillons aus Muschelschalen
und aus grünen Pinienzweigen
einfach so, zum Zeitvertreib.

*

Mit dem Mond aus Pergament
in der Hand erscheint Preciosa.
Schon hat sie der immerwache
Wind gesehen und sich erhoben.
Sankt Christophorus der Nackte
mit den tausend Himmelszungen
schaut dem Mädchen nach und spielt
eine unsichtbare Flöte.

Niña, deja que levante
tu vestido para verte.
Abre en mis dedos antiguos
la rosa azul de tu vientre.

Preciosa tira el pandero
y corre sin detenerse.
El viento-hombrón la persigue
con una espada caliente.

Frunce su rumor el mar.
Los olivos palidecen.
Cantan las flautas de umbría
y el liso gong de la nieve.

¡Preciosa, corre, Preciosa,
que te coge el viento verde!
¡Preciosa, corre, Preciosa!
¡Míralo por dónde viene!
Sátiro de estrellas bajas
con sus lenguas relucientes.

*

Preciosa, llena de miedo,
entra en la casa que tiene
más arriba de los pinos,
el cónsul de los ingleses.

Asustados por los gritos
tres carabineros vienen,

Du, laß mich dein Kleid aufheben,
daß ich besser sehen kann.
Öffne meinen alten Fingern
die blaue Rose deines Bauches.

Ins Gebüsch das Tamburin!
Preciosa läuft, so schnell sie kann,
und der Wind mit blanker Klinge
tölpelt hitzig hinterher.

Schauder laufen übers Meer.
Das Olivenlaub erbleicht.
Schattenflöten werden laut
und der glatte Gong des Schnees.

Lauf, Preciosa, lauf, lauf, lauf,
soll der geile Wind dich packen?
Lauf, Preciosa, lauf, lauf, lauf,
denn er sitzt dir schon im Nacken!
Satyr mit den Phosphorzungen,
einem niederen Stern entsprungen.

*

Voll Entsetzen stürzt Preciosa
in das Haus, das auf der Höhe
oberhalb des Pinienwaldes
Englands Konsul sich gebaut.

Von den Schreien aufgeschreckt
kommen drei Gendarmen an,

sus negras capas ceñidas
y los gorros en las sienes.

El inglés da a la gitana
un vaso de tibia leche,
y una copa de ginebra
que Preciosa no se bebe.

Y mientras cuenta, llorando,
su aventura a aquella gente,
en las tejas de pizarra
el viento, furioso, muerde.

schwarze Mäntel straff gegürtet,
Mützen in die Stirn gezogen.

Von dem Engländer bekommt
die Zigeunerin ein Glas
warme Milch und einen Gin,
den sie allerdings nicht trinkt.

Während sie ihr Abenteuer
schluchzend diesen Leuten schildert,
rast er übers Dach, der Wind,
und beißt wütend in die Schindeln.

3
Reyerta

A Rafael Méndez

En la mitad del barranco
las navajas de Albacete,
bellas de sangre contraria,
relucen como los peces.
Una dura luz de naipe
recorta en el agrio verde,
caballos enfurecidos
y perfiles de jinetes.
En la copa de un olivo
lloran dos viejas mujeres.
El toro de la reyerta
se sube por las paredes.
Ángeles negros traían
pañuelos y agua de nieve.
Ángeles con grandes alas
de navajas de Albacete.
Juan Antonio el de Montilla
rueda muerto la pendiente,
su cuerpo lleno de lirios
y una granada en las sienes.
Ahora monta cruz de fuego
carretera de la muerte.

*

El juez, con guardia civil,
por los olivares viene.

3
Messerstecherei

Für Rafael Méndez

Dort in der Mitte der Bergschlucht
blitzt es wie ein Schwarm Fische:
Messer aus Albacete,
prächtig vom feindlichen Blut.
Hartes Spielkartenlicht
zeichnet scharfe Profile:
Reiter und schäumende Pferde,
Schatten vor grellem Grün.
In einem Ölbaum verborgen
weinen zwei alte Frauen.
Der Stier der Messerstecher
geht die Wände hoch.
Schwarze Engel brachten
Tücher und Gletscherwasser.
Engel mit großen Schwingen
aus Albaceter Klingen.
Juan Antonio Montilla
rollt sterbend in die Tiefe,
Schwertlilien über und über,
Granatapfel an der Schläfe.
Jetzt steigt er Richtung Feuer,
die Straße des Todes hinauf.

*

Der Richter kommt durch die Oliven
und mit ihm die Guardia Civil.

Sangre resbalada gime
muda canción de serpiente.
Señores guardias civiles:
aquí pasó lo de siempre.
Han muerto cuatro romanos
y cinco cartagineses.

*

La tarde loca de higueras
y de rumores calientes,
cae desmayada en los muslos
heridos de los jinetes.
Y ángeles negros volaban
por el aire del poniente.
Ángeles de largas trenzas
y corazones de aceite.

Entwichenes Blut singt stöhnend
ein stummes Schlangenlied.
Ihr Herren Zivilgardisten:
hier geschah, was immer geschieht.
Und diesmal hat es vier Römer
und fünf Karthager erwischt.

*

Im Wahn der Feigenbäume
und der erhitzten Gerüchte
fällt der Abend bewußtlos
auf die blutigen Schenkel der Reiter.
Und schwarze Engel flogen
im Sonnenuntergang.
Engel mit langen Zöpfen.
Engel mit Herzen aus Öl.

4
Romance sonámbulo

A Gloria Giner y a Fernando de los Ríos

Verde que te quiero verde.
Verde viento. Verdes ramas.
El barco sobre la mar
y el caballo en la montaña.
Con la sombra en la cintura,
ella sueña en su baranda
verde carne, pelo verde,
con ojos de fría plata.
Verde que te quiero verde.
Bajo la luna gitana,
las cosas la están mirando
y ella no puede mirarlas.

*

Verde que te quiero verde.
Grandes estrellas de escarcha,
vienen con el pez de sombra
que abre el camino del alba.
La higuera frota su viento
con la lija de sus ramas,
y el monte, gato garduño,
eriza sus pitas agrias.
¿Pero quién vendrá? ¿Y por dónde? ...
Ella sigue en su baranda
verde carne, pelo verde,
soñando en la mar amarga.

*

4
Hypnotische Romanze

Für Gloria Giner und Fernando de los Ríos

Grün wie ich dich liebe grün.
Grüne Brise. Grüne Äste.
Auf dem weiten Meer das Schiff
und das Pferd auf steilen Bergen.
Dunkle Schatten um die Taille,
steht sie träumend am Geländer,
grünes Fleisch, die Haare grün,
in den Augen Silberkälte.
Grün wie ich dich liebe grün.
Alle Dinge sehn sie stehen
unter dem Zigeunermond,
und sie selbst kann keines sehen.

*

Grün wie ich dich liebe grün.
Zwischen großen Rauhreifsternen
schwimmt der Schattenfisch vorüber,
bahnt der Dämmerung die Wege.
Feigenbaum mit Schmirgelzweigen
reibt am Wind sich, und die Berge
buckeln wie die wilden Kater,
sträuben die Agavenmähne.
Wer wird kommen? Und woher …?
Festgebannt an das Geländer,
grünes Fleisch, die Haare grün,
träumt sie von den bitteren Wellen.

*

Compadre, quiero cambiar,
mi caballo por su casa,
mi montura por su espejo,
mi cuchillo por su manta.
Compadre, vengo sangrando,
desde los puertos de Cabra.
Si yo pudiera, mocito,
este trato se cerraba.
Pero yo ya no soy yo,
ni mi casa es ya mi casa.
Compadre, quiero morir
decentemente en mi cama.
De acero, si puede ser,
con las sábanas de holanda.
¿No ves la herida que tengo
desde el pecho a la garganta?
Trescientas rosas morenas
lleva tu pechera blanca.
Tu sangre rezuma y huele
alrededor de tu faja.
Pero yo ya no soy yo.
Ni mi casa es ya mi casa.
Dejadme subir al menos
hasta las altas barandas,
¡dejadme subir!, dejadme
hasta las verdes barandas.
Barandales de la luna
por donde retumba el agua.

*

Nachbar, nehmt mein Pferd im Tausch,
gebt mir Euer Haus statt dessen,
für mein Zaumzeug Euren Spiegel,
für mein Messer Eure Decke.
Nachbar, seit dem Paß von Cabra
läuft mein Blut mir in die Schärpe.
Junge, wenn ich irgend könnte,
wär der Handel schnell vollendet –
doch mein Haus ist nicht mein Haus
und ich bin nicht mehr ich selber.
Nachbar, ich will einfach nur
wie ein Mensch im Bette sterben,
wenn es geht, mit Stahlgestell
und mit feiner Leinenwäsche.
Seht ihr denn nicht meine Wunde
sich vom Hals zur Brust erstrecken?
Hundert dunkle Rosen seh ich
deine weiße Hemdbrust flecken.
Ringsum dampft und riecht dein Blut
aus den Falten deiner Schärpe.
Doch mein Haus ist nicht mein Haus
und ich bin nicht mehr ich selber.
Laßt mich wenigstens hinauf
zu den hohen Holzgeländern,
laßt mich doch nach oben!, laßt mich
zu den grünen Holzgeländern.
Mondgeländer, wo das Wasser
tosend niederfällt zur Erde.

*

Ya suben los dos compadres
hacia las altas barandas.
Dejando un rastro de sangre.
Dejando un rastro de lágrimas.
Temblaban en los tejados
farolillos de hojalata.
Mil panderos de cristal,
herían la madrugada.

*

Verde que te quiero verde,
verde viento, verdes ramas.
Los dos compadres subieron.
El largo viento, dejaba
en la boca un raro gusto
de hiel, de menta y de albahaca.
¡Compadre! ¿Dónde está, dime?
¿Dónde está tu niña amarga?
¡Cuántas veces te esperó!
¡Cuántas veces te esperara
cara fresca, negro pelo,
en esta verde baranda!

*

Sobre el rostro del aljibe,
se mecía la gitana.
Verde carne, pelo verde,
con ojos de fría plata.
Un carámbano de luna,
la sostiene sobre el agua.

Und die zwei Gefährten steigen
zu den hohen Holzgeländern.
Ziehen eine Spur aus Blut.
Ziehen eine Spur aus Tränen.
Kleine blecherne Laternen
sah man flackern auf den Dächern.
Tausend Tamburins aus Glas,
die die Dämmerung verletzten.

*

Grün wie ich dich liebe grün,
grüne Brise, grüne Äste.
Aufwärts stiegen die Gefährten.
Und die stete Brise schmeckte
auf der Zunge wie nach Minze,
Galle und Basilikum.
Nachbar! Sag mir, wo sie ist!
Sag, wo ist dein bitteres Mädchen?
Wie oft hat sie dich erwartet!
Wie oft hat sie hier gesessen,
kühle Wangen, schwarze Haare,
hier am grünen Holzgeländer.

*

Überm Spiegel der Zisterne
schaukelt das Zigeunermädchen.
Grünes Fleisch, die Haare grün,
in den Augen Silberkälte.
Und ein Eiszapfen aus Mondlicht
hält sie überm Wasser hängend.

La noche se puso íntima
como una pequeña plaza.
Guardias civiles borrachos,
en la puerta golpeaban.
Verde que te quiero verde.
Verde viento. Verdes ramas.
El barco sobre la mar.
Y el caballo en la montaña.

Heimlich wurde da die Nacht
so wie manche kleinen Plätze.
Grölende Zivilgardisten
hört man an die Türe hämmern.
Grün wie ich dich liebe grün.
Grüne Brise. Grüne Äste.
Auf dem weiten Meer das Schiff
und das Pferd auf steilen Bergen.

5
La monja gitana

A José Moreno Villa

Silencio de cal y mirto.
Malvas en las hierbas finas.
La monja borda alhelíes
sobre una tela pajiza.
Vuelan en la araña gris,
siete pájaros del prisma.
La iglesia gruñe a lo lejos
como un oso panza arriba.
¡Qué bien borda! ¡Con qué gracia!
Sobre la tela pajiza,
ella quisiera bordar
flores de su fantasía.
¡Qué girasol! ¡Qué magnolia
de lentejuelas y cintas!
¡Qué azafranes y qué lunas,
en el mantel de la misa!
Cinco toronjas se endulzan
en la cercana cocina.
Las cinco llagas de Cristo
cortadas en Almería.
Por los ojos de la monja
galopan dos caballistas.
Un rumor último y sordo
le despega la camisa,
y al mirar nubes y montes
en las yertas lejanías,

5
Die Zigeunernonne

Für José Moreno Villa

Tiefe Stille: Kalk und Myrte.
Malven zwischen feinen Gräsern.
Eine Nonne stickt Levkoien
auf ein Tuch so gelb wie Stroh.
Durch den grauen Leuchter schickt das
Prisma seine sieben Vögel.
In der Ferne brummt die Kirche
wie ein Bär, der sich den Wanst sonnt.
Mein Gott, wie sie sticken kann!
Auf das Tuch so gelb wie Stroh
würde sie gern anderes sticken:
Blumen ihrer Phantasie.
Sonnenblume! Und Magnolie
voller Flitterkram und Schleifen!
Was für Krokus, was für Monde
sollten das Altartuch schmücken!
Pampelmusen, fünf an Zahl,
reifen drüben in der Küche.
Christi Wunden, fünf an Zahl,
frisch gepflückt in Almería.
Durch die stillen Nonnenaugen
galoppieren zwei Banditen.
Ein erstickter, letzter Aufruhr
wirft ihr Oberhemd in Falten,
und sie blickt auf Berge, Wolken,
starre Fernen – bis ihr Herz bricht,

se quiebra su corazón
de azúcar y yerbaluisa.
¡Oh!, qué llanura empinada
con veinte soles arriba.
¡Qué ríos puestos de pie
vislumbra su fantasía!
Pero sigue con sus flores,
mientras que de pie, en la brisa,
la luz juega el ajedrez
alto de la celosía.

denn es war ein Herz aus Zucker,
mit Zitronenkraut garniert.
Was für eine jähe Wüste
unter zwanzig hellen Sonnen!
Was für aufgereckte Flüsse
dämmern ihrer Phantasie!
Doch sie bleibt bei ihren Blümchen,
und das Licht steht da und spielt
eine Runde auf dem hohen
Schachbrett ihres Fenstergitters.

6
La casada infiel

A Lydia Cabrera y a su negrita

Y que yo me la llevé al río
creyendo que era mozuela,
pero tenía marido.

Fue la noche de Santiago
y casi por compromiso.
Se apagaron los faroles
y se encendieron los grillos.
En las últimas esquinas
toqué sus pechos dormidos,
y se me abrieron de pronto
como ramos de jacintos.
El almidón de su enagua
me sonaba en el oído,
como una pieza de seda
rasgada por diez cuchillos.
Sin luz de plata en sus copas
los árboles han crecido
y un horizonte de perros
ladra muy lejos del río.

*

Pasadas las zarzamoras,
los juncos y los espinos,
bajo su mata de pelo
hice un hoyo sobre el limo.
Yo me quité la corbata.

6
Die untreue Ehefrau

Für Lydia Cabrera und
ihr schwarzes Hausmädchen

Hab sie mit zum Fluß genommen,
weil ich dachte, sie sei ledig,
dabei hat sie einen Mann.

In der Nacht auf Sankt Jakobus
wars und fast wie abgemacht.
Die Laternen wurden dunkel,
und die Grillen gingen an.
An den letzten Häuserecken
faßte ich ihr an die Brüste,
und die Knospen, die noch schliefen,
gingen auf wie Hyazinthen.
Die gestärkten Unterröcke
raschelten mir um die Ohren,
so als ob zehn Messerklingen
ein Stück Seidentuch zerfetzten.
Ohne Silberlicht im Wipfel
sind die Bäume aufgeschossen,
und ein Horizont aus Hunden
bellt und bellt sehr weit vom Fluß.

*

Noch vorbei an Brombeerranken,
an den Binsen und dem Weißdorn,
dann grub ich für ihren Haarbusch
eine Mulde in den Schlamm.
Ich zog mir das Halstuch aus.

Ella se quitó el vestido.
Yo el cinturón con revólver.
Ella sus cuatro corpiños.
Ni nardos ni caracolas
tienen el cutis tan fino,
ni los cristales con luna
relumbran con ese brillo.
Sus muslos se me escapaban
como peces sorprendidos,
la mitad llenos de lumbre,
la mitad llenos de frío.
Aquella noche corrí
el mejor de los caminos,
montado en potra de nácar
sin bridas y sin estribos.
No quiero decir, por hombre,
las cosas que ella me dijo.
La luz del entendimiento
me hace ser muy comedido.
Sucia de besos y arena
yo me la llevé del río.
Con el aire se batían
las espadas de los lirios.

Me porté como quien soy.
Como un gitano legítimo.
Le regalé un costurero
grande, de raso pajizo,
y no quise enamorarme
porque teniendo marido
me dijo que era mozuela
cuando la llevaba al río.

Sie zog sich das Kleid vom Leib.
Ich den Gürtel samt Revolver.
Sie die Mieder – alle vier.
Narden oder Meeresmuscheln
haben nicht so feine Haut,
Fenster, die im Mondlicht scheinen,
haben nicht so weichen Glanz.
Ihre Oberschenkel glitten
weg wie überraschte Fische,
die zur Hälfte voller Feuer
und zur Hälfte Kälte sind.
Jene Nacht war meine Nacht,
und ich ritt den Weg der Wege,
aus Perlmutter war mein Fohlen,
hatte weder Zaum noch Bügel.
Was sie mich so alles nannte,
sag ich nicht – ein Mann kann schweigen –,
bin ein heller Kopf und darum
immer höflich und bescheiden.
Ganz verklebt von Sand und Küssen
trug ich sie vom Fluß herauf.
Und die Lilienschwerter fochten
mit dem Wind Duelle aus.

Und weil ichs mir schuldig war
als Zigeuner reinsten Wassers,
schenkte ich ihr noch ein Nähzeug:
groß und ganz aus gelber Seide;
zum Verlieben war kein Anlaß,
weil sie einen Mann schon hatte,
aber sagte, sie sei ledig,
als ich sie zum Fluß mitnahm.

7

Romance de la pena negra

A José Navarro Pardo

Las piquetas de los gallos
cavan buscando la aurora,
cuando por el monte oscuro
baja Soledad Montoya.
Cobre amarillo, su carne,
huele a caballo y a sombra.
Yunques ahumados sus pechos,
gimen canciones redondas.
Soledad: ¿por quién preguntas
sin compaña y a estas horas?
Pregunte por quien pregunte,
dime: ¿a ti qué se te importa?
Vengo a buscar lo que busco,
mi alegría y mi persona.
Soledad de mis pesares,
caballo que se desboca,
al fin encuentra la mar
y se lo tragan las olas.
No me recuerdes el mar
que la pena negra brota
en las tierras de aceituna
bajo el rumor de las hojas.
¡Soledad, qué pena tienes!
¡Qué pena tan lastimosa!
Lloras zumo de limón
agrio de espera y de boca.

7

Romanze vom schwarzen Elend

Für José Navarro Pardo

Hähne meißeln in die Nacht,
schürfen nach der Morgenröte,
als vom dunklen Berg herunter
Soledad Montoya kommt.
Ihre Haut aus gelbem Kupfer
hat den Duft von Pferd und Schatten.
Rauchgeschwärzte Amboßbrüste
stöhnen ihre runden Lieder.
Nach wem fragst du, Soledad,
ganz allein so früh am Morgen?
Ganz egal, nach wem ich frage,
wüßte nicht, was dich das schert.
Laß mich suchen, was ich suche:
meine Freude und mich selbst.
Soledad, mein Unglücksstern,
auch das Pferd, das scheut und durchgeht,
stürzt am Ende in die Wellen
und wird bald vom Meer verschluckt.
Hör mir auf vom Meer! Dort unten
wächst das schwarze Elend nicht.
Das gedeiht, wo Blätter rauschen,
das wächst im Olivenland.
Wieviel Elend, Soledad!
Wieviel Elend ist in dir!
Und du weinst Zitronensaft,
bitteres Warten, bitterer Mund.

¡Qué pena tan grande! Corro
mi casa como una loca,
mis dos trenzas por el suelo
de la cocina a la alcoba.
¡Qué pena! Me estoy poniendo
de azabache, carne y ropa.
¡Ay mis camisas de hilo!
¡Ay mis muslos de amapola!
Soledad: lava tu cuerpo
con agua de las alondras,
y deja tu corazón
en paz, Soledad Montoya.

*

Por abajo canta el río:
volante de cielo y hojas.
Con flores de calabaza,
la nueva luz se corona.
¡Oh pena de los gitanos!
Pena limpia y siempre sola.
¡Oh pena de cauce oculto
y madrugada remota!

Schweres Elend! Wie verrückt
lauf ich hin und her im Haus,
von der Küche in die Kammer,
und das Haar schleift mir im Staub.
Elend, Elend! Bald schon bin ich
schwarz wie Pechstein, samt der Wäsche.
Meine schönen Leinenhemden!
Meine Schenkel, schön wie Mohn!
Soledad: von Kopf bis Fuß
bade dich in Lerchenwasser,
aber laß dein armes Herz
in Frieden, Soledad Montoya.

*

In der Tiefe singt der Fluß:
eine Laub- und Himmelsrüsche.
Einen Kranz aus Kürbisblüten
windet sich das neue Licht.
Schwarzes Elend der Zigeuner!
Elend, ungemischt und einsam.
Elend dunkler Wasseradern
und entlegener Morgenröte!

8
San Miguel
Granada

A Diego Buigas de Dalmau

Se ven desde las barandas,
por el monte, monte, monte,
mulos y sombras de mulos
cargados de girasoles.

Sus ojos en las umbrías
se empañan de inmensa noche.
En los recodos del aire,
cruje la aurora salobre.

Un cielo de mulos blancos
cierra sus ojos de azogue
dando a la quieta penumbra
un final de corazones.
Y el agua se pone fría
para que nadie la toque.
Agua loca y descubierta
por el monte, monte, monte.

*

San Miguel lleno de encajes
en la alcoba de su torre,
enseña sus bellos muslos
ceñidos por los faroles.

8

Der Erzengel Michael

Granada

Für Diego Buigas de Dalmau

Von der Balustrade sieht man
dort am Berg, am Berg, am Berg
Maultiere und Maultierschatten
Sonnenblumen bergwärts schleppen.

Bodenlose Nacht befeuchtet
ihre Augen an den Hängen.
Salzig knirscht die Morgenröte,
wo der Wind die Kehre nimmt.

Weißer Maultierhimmel schließt
seine quecksilbrigen Augen,
und die stille Dämmerung
spielt zum Schluß die Farbe Herz.
Und das Wasser wird eiskalt,
damit keiner ihm zu nah kommt.
Närrisch unbedecktes Wasser,
dort am Berg, am Berg, am Berg.

*

Sankt Michael, ein Traum in Spitze –
dort in seinem Turmalkoven
zeigt er seine schönen Schenkel,
von Laternen dicht bedrängt.

Arcángel domesticado
en el gesto de las doce,
finge una cólera dulce
de plumas y ruiseñores.
San Miguel canta en los vidrios;
Efebo de tres mil noches,
fragante de agua colonia
y lejano de las flores.

*

El mar baila por la playa,
un poema de balcones.
Las orillas de la luna
pierden juncos, ganan voces.
Vienen manolas comiendo
semillas de girasoles,
los culos grandes y ocultos
como planetas de cobre.
Vienen altos caballeros
y damas de triste porte,
morenas por la nostalgia
de un ayer de ruiseñores.
Y el obispo de Manila
ciego de azafrán y pobre,
dice misa con dos filos
para mujeres y hombres.

*

San Miguel se estaba quieto
en la alcoba de su torre,

Gut dressierter Engelfürst
in der Zwölf-Uhr-Mittags-Pose
sträubt sein Federkleid und heuchelt
sanften Nachtigallenzorn.
Sankt Michael singt in den Fenstern;
Tausend Nächte – ein Ephebe,
der nach Kölnisch Wasser duftet
und sich fern von Blumen hält.

*

An den Stränden tanzt das Meer
ein Gedicht aus Strandbalkonen.
Und am Ufersaum des Mondes
schwinden Binsen, wachsen Stimmen.
Hier trifft man kokette Wesen
mit dem Mund voll Kürbiskernen
und geheimen Riesenhintern,
rund wie kupferne Planeten.
Hier trifft man auch edle Herren
und verhärmte feine Damen,
ganz brünett vor Nostalgie
nach den Nachtigallentagen.
Und den Bischof von Manila:
safranblind und abgerissen
predigt er mit zwei Gesichtern,
eins für Frauen, eins für Männer.

*

Doch Sankt Michael hielt still
dort in seinem Turmalkoven,

con las enaguas cuajadas
de espejitos y entredoses.

San Miguel, rey de los globos
y de los números nones,
en el primor berberisco
de gritos y miradores.

und mit Spiegelchen und Spitzen
war sein Unterrock gespickt.

Er, der Fürst der Luftballons
und der ungeraden Zahlen,
dort in seiner Arabeske
aus Geschrei und Galerien.

9
San Rafael

Córdoba

A Juan Izquierdo Croselles

I

Coches cerrados llegaban
a las orillas de juncos
donde las ondas alisan
romano torso desnudo.
Coches, que el Guadalquivir
tiende en su cristal maduro,
entre láminas de flores
y resonancias de nublos.
Los niños tejen y cantan
el desengaño del mundo
cerca de los viejos coches
perdidos en el nocturno.
Pero Córdoba no tiembla
bajo el misterio confuso,
pues si la sombra levanta
la arquitectura del humo,
un pie de mármol afirma
su casto fulgor enjuto.
Pétalos de lata débil
recaman los grises puros
de la brisa, desplegada
sobre los arcos de triunfo.
Y mientras el puente sopla
diez rumores de Neptuno,

9

Der Erzengel Raphael

Cordoba

Für Juan Izquierdo Croselles

I

Wagen mit geschlossenen Dächern
fuhren vor am Binsenufer,
wo die Wellen einen nackten
Römertorso blank polieren.
Wagen, vom Guadalquivir
in sein reifes Glas gesammelt,
eingereiht zu Blumendrucken
und verblaßten Wolkenechos.
Straßenjungen haspeln Lieder
von der Eitelkeit der Welt,
und die alten Wagen stehen
ganz verloren in der Nacht.
Cordoba jedoch erschrickt nicht
vor Verwirrung und Geheimnis:
selbst wenn Schatten sich erhebt
und mit dunstiger Baukunst prunkt,
steht der spröde Glanz der Stadt
fest auf einem Marmorfuß.
Blütenblätter, zartes Blech,
sitzen auf den reinen grauen
Schleiern, die die Brise über
den Triumphbögen entfaltet.
Und die Brückenbögen flüstern
zehn Gerüchte von Neptun,

vendedores de tabaco
huyen por el roto muro.

II

Un solo pez en el agua
que a las dos Córdobas junta.
Blanda Córdoba de juncos.
Córdoba de arquitectura.
Niños de cara impasible
en la orilla se desnudan,
aprendices de Tobías
y Merlines de cintura,
para fastidiar al pez
en irónica pregunta
si quiere flores de vino
o saltos de media luna.
Pero el pez que dora el agua
y los mármoles enluta,
les da lección y equilibrio
de solitaria columna.
El Arcángel aljamiado
de lentejuelas oscuras,
en el mitin de las ondas
buscaba rumor y cuna.

*

Un solo pez en el agua.
Dos Córdobas de hermosura.
Córdoba quebrada en chorros.
Celeste Córdoba enjuta.

während Zigarettenhändler
durch die Mauerbresche fliehn.

II

Fisch im Wasser ganz allein,
Wasser beider Cordobas:
Sanftes Cordoba der Binsen.
Cordoba der Architekten.
Jungen mit gelassener Miene
ziehen sich am Ufer aus,
sie sind Schüler des Tobias,
doch ihr Leib trägt Merlins Handschrift;
mit ironischer Gebärde
necken sie den Fisch und fragen:
Willst du lieber Rotweinblüten
oder Halbmondkapriolen?
Doch der Fisch, der Wasser golden,
Marmor aber düster macht,
läßt sie spüren, wie die Säule
einsam die Balance hält.
Und der paillettierte Engel
mit dem maurischen Akzent
suchte im Konzil der Wellen
ein Geräusch und eine Wiege.

*

Fisch im Wasser ganz allein.
Cordoba entzweit in Schönheit.
Cordoba zerlegt in Ströme.
Karg und himmlisch: Cordoba.

10
San Gabriel

Sevilla

A D. Agustín Viñuales

I

Un bello niño de junco,
anchos hombros, fino talle,
piel de nocturna manzana,
boca triste y ojos grandes,
nervio de plata caliente,
ronda la desierta calle.
Sus zapatos de charol
rompen las dalias del aire,
con los dos ritmos que cantan
breves lutos celestiales.
En la ribera del mar
no hay palma que se le iguale,
ni emperador coronado
ni lucero caminante.
Cuando la cabeza inclina
sobre su pecho de jaspe,
la noche busca llanuras
porque quiere arrodillarse.
Las guitarras suenan solas
para San Gabriel Arcángel,
domador de palomillas
y enemigo de los sauces.
San Gabriel: El niño llora
en el vientre de su madre.

10
Der Erzengel Gabriel

Sevilla

Für Don Agustín Viñuales

I

Schön gewachsen wie ein Schilfrohr
streift ein Junge durch die Straße,
breite Schultern, schlanke Taille,
Haut wie Äpfel in der Nacht,
Trauermund und große Augen,
Sehnen aus erhitztem Silber.
Geht auf seinen Lackschuhn achtlos
durch den Dahlienwald der Luft,
und im Doppelrhythmus klingen
kurze schwarze Himmelstakte.
An der ganzen Meeresküste
kommt ihm keine Palme gleich,
kein gekrönter Kaiser gleicht ihm,
auch kein Stern auf seiner Bahn.
Neigt er einmal seinen Kopf
auf die Brust aus Jaspisstein,
sucht die Nacht nach einer Ebene,
um dort auf die Knie zu fallen.
Die Gitarre spielt von selber
für Sankt Gabriel, den Engel,
Gabriel, den Taubenzähmer,
den geschworenen Feind der Weiden.
Gabriel: da weint ein Kind,
hörst du es im Mutterleib?

No olvides que los gitanos
te regalaron el traje.

II

Anunciación de los Reyes
bien lunada y mal vestida,
abre la puerta al lucero
que por la calle venía.
El Arcángel San Gabriel
entre azucena y sonrisa,
biznieto de la Giralda,
se acercaba de visita.
En su chaleco bordado
grillos ocultos palpitan.
Las estrellas de la noche,
se volvieron campanillas.
San Gabriel: Aquí me tienes
con tres clavos de alegría.
Tu fulgor abre jazmines
sobre mi cara encendida.
Dios te salve, Anunciación.
Morena de maravilla.
Tendrás un niño más bello
que los tallos de la brisa.
¡Ay San Gabriel de mis ojos!
¡Gabrielillo de mi vida!
para sentarte yo sueño
un sillón de clavellinas.
Dios te salve, Anunciación,
bien lunada y mal vestida.

Denk daran, daß die Zigeuner
dir den schönen Anzug schenkten.

II

Anunciación de los Reyes,
wohlbetupft und schlecht gekleidet,
öffnet schnell dem Morgenstern,
als er durch die Straße kam.
Gabriel, der Fürst der Engel,
eine Lilie und ein Lächeln,
Urgroßenkel der Giralda,
schaute auf Besuch herein.
Auf seiner bestickten Weste
pochten unsichtbare Grillen,
und die Sterne dieser Nacht
waren plötzlich kleine Glocken.
Engel Gabriel: hier steh ich,
Freude sticht mich mit drei Nägeln,
und auf meinen heißen Wangen
wächst Jasmin, so hell bist du.
Gott mit dir, Anunciación,
und mit deinen schwarzen Augen.
Du wirst einen Sohn bekommen,
schöner als die Saat des Windes.
Gabriel, mein Augenstern!
Liebster Gabriel meines Lebens!
Einen Sessel ganz aus Nelken
träum ich mir als Sitz für dich.
Gott mit dir, Anunciación,
wohlbetupft und schlecht gekleidet.

Tu niño tendrá en el pecho
un lunar y tres heridas.
¡Ay San Gabriel que reluces!
¡Gabrielillo de mi vida!
En el fondo de mis pechos
ya nace la leche tibia.
Dios te salve, Anunciación.
Madre de cien dinastías.
Áridos lucen tus ojos,
paisajes de caballista.

*

El niño canta en el seno
de Anunciación sorprendida.
Tres balas de almendra verde
tiemblan en su vocecita.

Ya San Gabriel en el aire
por una escala subía.
Las estrellas de la noche
se volvieron siemprevivas.

Auf dem Kind wirst du drei Wunden
finden und ein Muttermal.
Gabriel, ach wie du leuchtest!
Liebster Gabriel meines Lebens!
In der Tiefe meiner Brüste
rührt sich schon die warme Milch.
Gott mit dir, Anunciación,
nach dir hundert Dynastien!
Trocken strahlen deine Augen,
Landschaften für schnelle Reiter.

*

Seiner überraschten Mutter
singt das Kind im Schoß ein Lied.
In der kleinen Stimme zittern
gut gezielt drei grüne Mandeln.

Schon entschwand auf einer Leiter
in die Luft Sankt Gabriel,
und die Sterne dieser Nacht
waren plötzlich Immortellen.

11
Prendimiento de Antoñito el Camborio en el camino de Sevilla

A Margarita Xirgu

Antonio Torres Heredia,
hijo y nieto de Camborios,
con una vara de mimbre
va a Sevilla a ver los toros.
Moreno de verde luna
anda despacio y garboso.
Sus empavonados bucles
le brillan entre los ojos.
A la mitad del camino
cortó limones redondos,
y los fue tirando al agua
hasta que la puso de oro.
Y a la mitad del camino,
bajo las ramas de un olmo,
Guardia Civil caminera
lo llevó codo con codo.

*

El día se va despacio,
la tarde colgada a un hombro,
dando una larga torera
sobre el mar y los arroyos.
Las aceitunas aguardan
la noche de Capricornio,
y una corta brisa, ecuestre,

11
Die Verhaftung von Antoñito el Camborio auf dem Weg nach Sevilla

Für Margarita Xirgu

Antonio Torres Heredia,
Sohn und Enkel von Camborios,
in der Hand die Weidengerte,
geht zum Stierkampf nach Sevilla.
Dunkel wie der grüne Mond,
prächtig, mit gemessenen Schritten.
Stahlblau glänzen seine Locken,
die ihm auf die Augen hängen.
Dann, auf halber Wegesstrecke,
schnitt er rundliche Zitronen
und bewarf damit das Wasser,
bis das Wasser golden war.
Und auf halber Wegesstrecke
unter dunklen Ulmenästen
faßten ihn im Polizeigriff
fünf Mann Feldgendarmerie.

*

Langsam kommt der Tag voran
mit dem Abend überm Arm,
den er wie beim Stierkampf kreisend
über Meer und Bäche zieht.
Die Oliven warten stumm,
daß die Nacht des Steinbocks kommt,
ein berittener Windstoß springt

salta los montes de plomo.
Antonio Torres Heredia,
hijo y nieto de Camborios,
viene sin vara de mimbre
entre los cinco tricornios.

Antonio, ¿quién eres tú?
Si te llamaras Camborio,
hubieras hecho una fuente
de sangre, con cinco chorros.
Ni tú eres hijo de nadie,
ni legítimo Camborio.
¡Se acabaron los gitanos
que iban por el monte solos!
Están los viejos cuchillos,
tiritando bajo el polvo.

*

A las nueve de la noche
lo llevan al calabozo,
mientras los guardias civiles
beben limonada todos.
Y a las nueve de la noche
le cierran el calabozo,
mientras el cielo reluce
como la grupa de un potro.

über bleiernes Gebirge.
Antonio Torres Heredia,
Sohn und Enkel von Camborios,
geht jetzt ohne Weidengerte,
von fünf Dreispitzen flankiert.

Wer bist du denn, Antoñito?
Wärst du wirklich ein Camborio,
müßten hier jetzt fünf Fontänen
blutrot in den Himmel springen.
Aber du bist niemands Sohn
und weiß Gott auch kein Camborio.
Aus ist es mit den Zigeunern,
die allein den Berg durchstreiften!
Und die guten alten Messer
rotten fröstelnd unterm Staub.

*

Neun Uhr abends auf den Schlag
führt man ihn in seine Zelle,
als die Feldgendarmen alle
Limonade darauf trinken.
Neun Uhr abends auf den Schlag
fällt die Zellentür ins Schloß,
als der Himmel wie die Kruppe
eines Fohlens steht und glänzt.

12
Muerte de Antoñito el Camborio

A José Antonio Rubio Sacristán

Voces de muerte sonaron
cerca del Guadalquivir.
Voces antiguas que cercan
voz de clavel varonil.
Les clavó sobre las botas
mordiscos de jabalí.
En la lucha daba saltos
jabonados de delfín.
Bañó con sangre enemiga
su corbata carmesí,
pero eran cuatro puñales
y tuvo que sucumbir.
Cuando las estrellas clavan
rejones al agua gris,
cuando los erales sueñan
verónicas de alhelí,
voces de muerte sonaron
cerca del Guadalquivir.

*

Antonio Torres Heredia,
Camborio de dura crin,
moreno de verde luna,
voz de clavel varonil:
¿Quién te ha quitado la vida
cerca del Guadalquivir?

12
Der Tod von Antoñito el Camborio

Für José Antonio Rubio Sacristán

Mörderische Stimmen tönten
dicht am Fluß Guadalquivir.
Alte Stimmen hetzen eine
nelkenhelle Männerstimme.
Wie ein Eber schlitzt er ihnen
ihre Stiefelschäfte auf.
Sprünge sah man ihn vollführen
wie ein glitschiger Delphin.
Und sein scharlachrotes Halstuch
wurde schwer von ihrem Blut,
doch vier Dolche sind vier Dolche,
und er mußte untergehn.
Wenn die ersten Sternenstachel
schon im grauen Wasser zittern,
wenn im Traum die jungen Stiere
Tücher aus Levkoien sehn,
tönen mörderische Stimmen
dicht am Fluß Guadalquivir.

*

Antonio Torres Heredia,
Camborio mit Haar auf den Zähnen,
nelkenhelle Männerstimme,
dunkel wie der grüne Mond:
Sag mir, wer hat dich getötet
dicht am Fluß Guadalquivir?

Mis cuatro primos Heredias,
hijos de Benamejí.
Lo que en otros no envidiaban,
ya lo envidiaban en mí.
Zapatos color corinto,
medallones de marfil,
y este cutis amasado
con aceituna y jazmín.
¡Ay Antoñito el Camborio
digno de una Emperatriz!
Acuérdate de la Virgen
porque te vas a morir.
¡Ay Federico García!
llama a la Guardia Civil.
Ya mi talle se ha quebrado
como caña de maíz.

Tres golpes de sangre tuvo,
y se murió de perfil.
Viva moneda que nunca
se volverá a repetir.
Un ángel marchoso pone
su cabeza en un cojín.
Otros de rubor cansado,
encendieron un candil.
Y cuando los cuatro primos
llegan a Benamejí,
voces de muerte cesaron
cerca del Guadalquivir.

Meine vier Heredia-Vettern,
Söhne von Benamejí.
Was sie andren nicht mißgönnten,
das mißgönnten sie nur mir:
Schuhe, weinrot wie Korinthen,
Medaillons aus Elfenbein,
meine Haut, die feine Mischung
aus Olive und Jasmin.
Ach, Antonio el Camborio,
würdig einer Kaiserin!
Denke jetzt an die Madonna,
denn dein Leben geht dahin.
Ach, Federico García,
ruf mir die Guardia Civil!
Denn ich liege hier gebrochen
wie ein Stengel Mais im Feld.

Drei Schwall Blut gab er noch von sich
und dann starb er im Profil.
Eine Münze dieses Glanzes
wird wohl niemals mehr geprägt.
Ein besonders schmucker Engel
bettet seinen Kopf auf Kissen.
Andere, die matt erröten,
zünden eine Kerze an.
Und als die Heredia-Vettern
kamen nach Benamejí,
tönten keine Mörderstimmen
mehr am Fluß Guadalquivir.

13
Muerto de amor

A Margarita Manso

¿Qué es aquello que reluce
por los altos corredores?
Cierra la puerta, hijo mío,
acaban de dar las once.
En mis ojos, sin querer,
relumbran cuatro faroles.
Será que la gente aquella,
estará fregando el cobre.

*

Ajo de agónica plata
la luna menguante, pone
cabelleras amarillas
a las amarillas torres.
La noche llama temblando
al cristal de los balcones
perseguida por los mil
perros que no la conocen,
y un olor de vino y ámbar
viene de los corredores.

*

Brisas de caña mojada
y rumor de viejas voces,
resonaban por el arco
roto de la media noche.
Bueyes y rosas dormían.

13
Tod aus Liebe

Für Margarita Manso

Was ist das, was leuchtet dort
auf den hohen Balustraden?
Mach die Türe zu, mein Junge,
eben hat es elf geschlagen.
Die vier Lampen mag ich nicht,
die mir in den Augen tanzen.
Das ist sicher dieses Volk da,
sicher wienern sie ihr Kupfer.

*

Knoblauchzeh aus siechem Silber
scheint der sicheldünne Mond,
und er legt um gelbe Türme
einen Kranz aus gelben Haaren.
Zitternd schlägt die Nacht ans Fenster
in den oberen Etagen,
hinter sich die tausend Hunde,
die die Unbekannte jagen,
und ein Duft nach Wein und Ambra
senkt sich von den Balustraden.

*

Brisen aus dem feuchten Schilf
und ein Wirrwarr alter Stimmen
hallten durch den eingestürzten
Bogen dieser Mitternacht.
Ochs und Rose schliefen fest.

Sólo por los corredores
las cuatro luces clamaban
con el furor de San Jorge.
Tristes mujeres del valle
bajaban su sangre de hombre,
tranquila de flor cortada
y amarga de muslo joven.
Viejas mujeres del río
lloraban al pie del monte,
un minuto intransitable
de cabelleras y nombres.
Fachadas de cal, ponían
cuadrada y blanca la noche.
Serafines y gitanos
tocaban acordeones.
Madre, cuando yo me muera
que se enteren los señores.
Pon telegramas azules
que vayan del Sur al Norte.

Siete gritos, siete sangres,
siete adormideras dobles,
quebraron opacas lunas
en los oscuros salones.
Lleno de manos cortadas
y coronitas de flores,
el mar de los juramentos
resonaba, no sé dónde.
Y el cielo daba portazos
al brusco rumor del bosque,
mientras clamaban las luces
en los altos corredores.

Aber auf den Balustraden
standen schreiend die vier Lichter
wie Sankt Georg wild und rasend.
Gramgebeugte Frauen vom Tal
trugen Männerblut hinunter,
still wie von gepflückten Blumen,
bitter wie von jungen Schenkeln.
Alte Frauen vom großen Fluß
weinten still am Fuß des Berges –
undurchdringliche Minute,
Zeit der Haare und der Namen.
Durch die Tünche der Fassaden
war die Nacht quadratisch weiß.
Seraphine und Zigeuner
spielten Ziehharmonika.
Mutter, wenn ich sterben muß,
solln die Herren es erfahren.
Sende blaue Telegramme
aus dem Süden in den Norden.

Sieben Schreie, sieben Wunden,
sieben extra Schlafmohnblüten
brachen blinde Spiegelscheiben,
die in dunklen Sälen hingen.
Voller kleiner Blumenkränze
und voll abgeschnittener Hände
brandete das Meer der Schwüre
gegen wer weiß welche Strände.
Aus dem Wald kam jähes Rauschen,
aus dem Himmel Türenschlagen,
während die vier Lichter schrien
auf den hohen Balustraden.

14
Romance del emplazado

Para Emilio Aladrén

¡Mi soledad sin descanso!
Ojos chicos de mi cuerpo
y grandes de mi caballo,
no se cierran por la noche
ni miran al otro lado
donde se aleja tranquilo
un sueño de trece barcos.
Sino que limpios y duros
escuderos desvelados,
mis ojos miran un norte
de metales y peñascos
donde mi cuerpo sin venas
consulta naipes helados.

*

Los densos bueyes del agua
embisten a los muchachos
que se bañan en las lunas
de sus cuernos ondulados.
Y los martillos cantaban
sobre los yunques sonámbulos,
el insomnio del jinete
y el insomnio del caballo.

*

14
Romanze vom Vorgeladenen

Für Emilio Aladrén

Ruhelose Einsamkeit!
Kleine Augen meines Körpers,
große Augen meines Pferdes,
schließen niemals sich zur Nacht,
blicken nicht zur andren Seite,
wo ein Traum von dreizehn Schiffen
schweigend in die Ferne geht.
Sondern ungetrübt und hart,
wachsam wie zwei Knappen starren
meine Augen einen Norden
aus Metall und Felsen an,
wo mein aderloser Körper
Karten legt so kalt wie Eis.

*

Die massiven Wasserochsen
werfen sich auf junge Burschen,
die sich in den Wellenlinien
ihrer Mondgehörne baden.
Und die schweren Hämmer sangen
und der Amboß sprach im Traum,
daß der Reiter schlaflos war
und daß schlaflos war das Pferd.

*

El veinticinco de junio
le dijeron a el Amargo:
Ya puedes cortar, si gustas,
las adelfas de tu patio.
Pinta una cruz en la puerta
y pon tu nombre debajo,
porque cicutas y ortigas
nacerán en tu costado,
y agujas de cal mojada
te morderán los zapatos.
Será de noche, en lo oscuro,
por los montes imantados
donde los bueyes del agua
beben los juncos soñando.
Pide luces y campanas.
Aprende a cruzar las manos,
y gusta los aires fríos
de metales y peñascos.
Porque dentro de dos meses
yacerás amortajado.

*

Espadón de nebulosa
mueve en el aire Santiago.
Grave silencio, de espalda,
manaba el cielo combado.

*

El veinticinco de junio
abrió sus ojos Amargo,
y el veinticinco de agosto

Fünfundzwanzigster Juni war es,
und sie sprachen zu Amargo:
Schneide ruhig den Oleander,
der in deinem Hof wächst, ab.
Mal ein Kreuz auf deine Türe,
schreib darunter deinen Namen,
denn aus deiner Seite wachsen
Schierling bald und taube Nesseln,
und der Kalk mit feuchten Nadeln
wird an deinen Schuhen fressen.
Es wird in der Nacht geschehen,
auf magnetisierten Bergen,
wo die Wasserochsen stehen
und im Schlaf am Schilfwald schlürfen.
Sorg für Kerzen und für Glocken,
üb schon mal die Hände falten,
koste aus den kalten Winden
den Metall- und Felsgeruch.
Denn bevor acht Wochen um sind,
liegst du unterm Leichentuch.

*

Mit dem Schwert aus Sternennebeln
winkt Sankt Jakob durch die Lüfte.
Und der tief gewölbte Himmel
kehrt den grabesstillen Rücken.

*

Fünfundzwanzigster Juni war es,
als Amargos Auge aufging,
fünfundzwanzigster August,

se tendió para cerrarlos.
Hombres bajaban la calle
para ver al emplazado,
que fijaba sobre el muro
su soledad con descanso.
Y la sábana impecable,
de duro acento romano,
daba equilibrio a la muerte
con las rectas de sus paños.

als es sich für immer schloß.
Männer kamen, um zu sehen,
wer der Vorgeladene sei,
sahen auf der Mauer reglos
seine ruhige Einsamkeit.
Und das makellose Laken
mit dem römischen Akzent
hielt mit kerzengraden Bahnen
diesen Tod im Gleichgewicht.

15
Romance de la Guardia Civil española

A Juan Guerrero,
Cónsul general de la poesía

Los caballos negros son.
Las herraduras son negras.
Sobre las capas relucen
manchas de tinta y de cera.
Tienen, por eso no lloran,
de plomo las calaveras.
Con el alma de charol
vienen por la carretera.
Jorobados y nocturnos,
por donde animan ordenan
silencios de goma oscura
y miedos de fina arena.
Pasan, si quieren pasar,
y ocultan en la cabeza
una vaga astronomía
de pistolas inconcretas.

*

¡Oh ciudad de los gitanos!
En las esquinas banderas.
La luna y la calabaza
con las guindas en conserva.
¡Oh ciudad de los gitanos!
¿Quién te vio y no te recuerda?
Ciudad de dolor y almizcle
con las torres de canela.

*

15
Romanze von der Guardia Civil

Für Juan Guerrero,
den Generalkonsul der Dichtung

Schwarze Pferde sind es.
Es sind schwarze Eisen.
Auf den Mänteln glänzen
Wachs- und Tintenflecken.
Sie weinen nie, sie haben
bleierne Schädeldecken.
So ziehen sie über die Straßen
mit schwarz lackierten Seelen.
Krumme Gestalten der Nacht,
und wo sie gehen und stehen,
ist Schweigen aus dunklem Gummi,
sind feine sandige Ängste.
Sie reiten vorbei, wenn sie wollen,
in ihren Köpfen drehen
sich flüchtige Astronomien
aus ungreifbaren Revolvern.

*

Leuchtende Stadt der Zigeuner!
Fahnen an allen Ecken.
Der Mond und die Kalebasse,
Kirschen in Einmachgläsern.
Leuchtende Stadt der Zigeuner!
Wer sah dich und kann dich vergessen?
Stadt voller Schmerzen und Moschus,
ach, deine Türme aus Zimt.

*

Cuando llegaba la noche
noche que noche nochera,
los gitanos en sus fraguas
forjaban soles y flechas.
Un caballo malherido,
llamaba a todas las puertas.
Gallos de vidrio cantaban
por Jerez de la Frontera.
El viento, vuelve desnudo
la esquina de la sorpresa,
en la noche platinoche
noche, que noche nochera.

*

La Virgen y San José
perdieron sus castañuelas,
y buscan a los gitanos
para ver si las encuentran.
La Virgen viene vestida
con un traje de alcaldesa
de papel de chocolate
con los collares de almendras.
San José mueve los brazos
bajo una capa de seda.
Detrás va Pedro Domecq
con tres sultanes de Persia.
La media luna, soñaba
un éxtasis de cigüeña.
Estandartes y faroles
invaden las azoteas.
Por los espejos sollozan

Und als die eine Nacht kam,
die Nacht aller nächtigen Nächte,
glühten Sonnen und Pfeile
in den Zigeuneressen.
Ein schwer verwundetes Pferd
schlug gegen alle Türen.
Gläserne Hähne krähten
in Jerez de la Frontera.
Nackt biegt der Wind um die Ecke
der unverhofften Begegnung,
in dieser silbrigen Nacht,
Nacht aller nächtigen Nächte.

*

Maria und Josef vermissen
ihre Kastagnetten,
da kommen sie zu den Zigeunern,
ob die sie gefunden hätten.
Maria trägt ein Kleid
mit Bürgermeistertressen
aus Schokoladenpapier
mit mehreren Mandelketten.
Josef ein seidenes Cape
über den tanzenden Armen.
Dahinter kommt Pedro Domecq
mit drei Kalifen aus Persien.
Der Halbmond hat einen Traum
von storchenhafter Verzückung.
Standarten und Laternen
stürmen die flachen Dächer,
und in den Spiegeln schluchzen

bailarinas sin caderas.
Agua y sombra, sombra y agua
por Jerez de la Frontera.

*

¡Oh ciudad de los gitanos!
En las esquinas banderas.
Apaga tus verdes luces
que viene la benemérita.
¡Oh ciudad de los gitanos!
¿Quién te vio y no te recuerda?
Dejadla lejos del mar
sin peines para sus crenchas.

*

Avanzan de dos en fondo
a la ciudad de la fiesta.
Un rumor de siemprevivas,
invade las cartucheras.
Avanzan de dos en fondo.
Doble nocturno de tela.
El cielo, se les antoja,
una vitrina de espuelas.

*

La ciudad libre de miedo,
multiplicaba sus puertas.
Cuarenta guardias civiles
entran a saco por ellas.
Los relojes se pararon,
y el coñac de las botellas

hüftlose Tänzerinnen.
Wasser und Schatten, Schatten und Wasser
in Jerez de la Frontera.

*

Leuchtende Stadt der Zigeuner!
Fahnen an allen Ecken.
Lösch deine grünen Lichter,
denn die Gardisten kommen.
Leuchtende Stadt der Zigeuner!
Wer sah dich und kann dich vergessen?
Laßt ihr das Haar ohne Kämme,
laßt sie weitab vom Meer.

*

Sie rücken in Zweierkolonne
vor auf die feiernde Stadt.
Gemunkel von Friedhofsblumen
befällt die Patronengurte.
Sie rücken in Zweierkolonne.
Doppeltes Nachtstück aus Stoff.
Sie sagen: Was ist der Himmel?
Eine Vitrine voll Sporen.

*

Die sorglose Stadt der Zigeuner
vervielfachte ihre Türen.
Vierzig Gardisten treten
plündernd über die Schwellen.
Da standen die Uhren still.
Der Cognac in den Gläsern

se disfrazó de noviembre
para no infundir sospechas.
Un vuelo de gritos largos
se levantó en las veletas.
Los sables cortan las brisas
que los cascos atropellan.
Por las calles de penumbra,
huyen las gitanas viejas
con los caballos dormidos
y las orzas de monedas.
Por las calles empinadas
suben las capas siniestras,
dejando detrás fugaces
remolinos de tijeras.

En el Portal de Belén,
los gitanos se congregan.
San José, lleno de heridas,
amortaja a una doncella.
Tercos fusiles agudos
por toda la noche suenan.
La Virgen cura a los niños
con salivilla de estrella.
Pero la Guardia Civil
avanza sembrando hogueras,
donde joven y desnuda
la imaginación se quema.
Rosa la de los Camborios,
gime sentada en su puerta
con sus dos pechos cortados
puestos en una bandeja.

tarnte sich als November,
um keinen Verdacht zu erregen.
Ein Schwarm gedehnter Schreie
flog zu den Wetterhähnen.
Brisen, von Hufen getroffen,
kamen unter die Säbel.
Dunkle Gassen entlang
fliehen die alten Frauen,
mit den Töpfen voll Münzen
und den schläfrigen Pferden.
Steile Gassen empor
steigen die düsteren Mäntel.
Wo sie gegangen sind, kreisen
flüchtige Wirbel aus Scheren.

Am Tor von Bethlehem
versammeln sich die Zigeuner.
Josef, blutüberströmt,
bedeckt ein totes Mädchen.
Durch die Dunkelheit bellt
der Starrsinn der Gewehre.
Mit Sternenspeichel heilt
Maria kleine Kinder.
Doch die Gardisten gehn vor
und säen lodernde Brände,
in denen jung und nackt
die Phantasie sich windet.
Rosa de los Camborios
sitzt stöhnend auf ihrer Schwelle,
die abgeschnittenen Brüste
vor sich auf einem Teller.

Y otras muchachas corrían
perseguidas por sus trenzas,
en un aire donde estallan
rosas de pólvora negra.
Cuando todos los tejados
eran surcos en la tierra,
el alba meció sus hombros
en largo perfil de piedra.

*

¡Oh ciudad de los gitanos!
La Guardia Civil se aleja
por un túnel de silencio
mientras las llamas te cercan.

¡Oh ciudad de los gitanos!
¿Quién te vio y no te recuerda?
Que te busquen en mi frente.
Juego de luna y arena.

Andere Mädchen laufen,
um ihre Zöpfe zu retten,
und schwarze Pulverrosen
krepieren in der Luft.
Und als kein Dach mehr da war,
nur Furchen in der Erde,
da wiegt der Tag die Schultern,
ein Schattenriß aus Stein.

*

Leuchtende Stadt der Zigeuner!
Die Guardia Civil zieht weiter
durch einen Tunnel des Schweigens –
du bist von Flammen umstellt.

Leuchtende Stadt der Zigeuner!
Wer sah dich und kann dich vergessen?
Sucht sie auf meiner Stirne!
Spiel aus Mondlicht und Sand.

Drei historische Romanzen

Tres romances históricos

16
Martirio de Santa Olalla

A Rafael Martínez Nadal

I
PANORAMA DE MÉRIDA

Por la calle brinca y corre
caballo de larga cola,
mientras juegan o dormitan
viejos soldados de Roma.
Medio monte de Minervas
abre sus brazos sin hojas.
Agua en vilo redoraba
las aristas de las rocas.
Noche de torsos yacentes
y estrellas de nariz rota,
aguarda grietas del alba
para derrumbarse toda.
De cuando en cuando sonaban
blasfemias de cresta roja.
Al gemir la santa niña,
quiebra el cristal de las copas.
La rueda afila cuchillos
y garfios de aguda comba:
brama el toro de los yunques,
y Mérida se corona
de nardos casi despiertos
y tallos de zarzamora.

16
Martyrium der heiligen Eulalie

Für Rafael Martínez Nadal

I
ANSICHT VON MERIDA

Durch die Straße läuft ein Pferd,
läuft und scheut, mit langem Schweif,
während Veteranen Roms
dösen, spielen, Zeit totschlagen.
Und ein Haufen von Minervas
spreizt die blätterlosen Arme.
Wasserdunst schwebt um die Felsen
und vergoldet ihre Kanten.
Nacht der hingestürzten Torsi
und der Sterne ohne Nasen –
wenn der Morgen rötlich einreißt,
wird sie ganz zusammenfallen.
Gotteslästerungen recken
dann und wann den roten Kamm.
Wenn die kleine Heilige stöhnt,
springen Weingläser in Scherben.
Kreischend schleift das Rad die Messer
und die spitzen krummen Haken.
Wütend brüllt der Amboßstier,
während Merida sich Kränze
aus nicht ganz erwachten Narden
und aus Brombeerranken windet.

II

EL MARTIRIO

Flora desnuda se sube
por escalerillas de agua.
El Cónsul pide bandeja
para los senos de Olalla.
Un chorro de venas verdes
le brota de la garganta.
Su sexo tiembla enredado
como un pájaro en las zarzas.
Por el suelo, ya sin norma,
brincan sus manos cortadas
que aún pueden cruzarse en tenue
oración decapitada.
Por los rojos agujeros
donde sus pechos estaban
se ven cielos diminutos
y arroyos de leche blanca.
Mil arbolillos de sangre
le cubren toda la espalda
y oponen húmedos troncos
al bisturí de las llamas.
Centuriones amarillos
de carne gris, desvelada,
llegan al cielo sonando
sus armaduras de plata.
Y mientras vibra confusa
pasión de crines y espadas,
el Cónsul porta en bandeja
senos ahumados de Olalla.

II

DAS MARTYRIUM

Nackt steigt Flora in die Höhe
über schmale Wassertreppen.
Eine Schale will der Konsul
für die Brüste von Eulalie.
Und ein Strahl aus grünen Adern
quillt hervor aus ihrer Kehle.
Ihr Geschlecht verfängt sich zitternd
wie ein Vogel in den Ranken.
Auf dem Boden, regellos,
zucken abgehackt die Hände,
und sie falten sich noch immer
zaghaft zu geköpftem Beten.
Durch die beiden roten Löcher –
eben waren dort noch Brüste –
sieht man kleine Himmel scheinen,
sieht man Bäche weißer Milch.
Tausend kleine Bäume Blut
wachsen über ihren Rücken,
recken ihre feuchten Stämme
mitten ins Skalpell der Flammen.
Gelbsüchtige Zenturionen,
grau und schlaflos an den Gliedern,
ragen himmelhoch und lassen
ihre Silberpanzer scheppern.
Bis zum Ende der Passion,
durch Tumult von Schwert und Roßhaar,
trägt der Konsul auf der Schale
ein Paar rauchgeschwärzte Brüste.

III

INFIERNO Y GLORIA

Nieve ondulada reposa.
Olalla pende del árbol.
Su desnudo de carbón
tizna los aires helados.
Noche tirante reluce.
Olalla muerta en el árbol.
Tinteros de las ciudades
vuelcan la tinta despacio.
Negros maniquís de sastre
cubren la nieve del campo
en largas filas que gimen
su silencio mutilado.
Nieve partida comienza.
Olalla blanca en el árbol.
Escuadras de níquel juntan
los picos en su costado.

*

Una Custodia reluce
sobre los cielos quemados,
entre gargantas de arroyo
y ruiseñores en ramos.
¡Saltan vidrios de colores!
Olalla blanca en lo blanco.
Ángeles y serafines
dicen: Santo, Santo, Santo.

III
HÖLLE UND VERKLÄRUNG

Schnee liegt wellig auf den Dingen.
Eulalie hängt am Ast des Baums.
Kohle ist ihr nackter Leib,
schwärzt die bitter kalte Luft.
Straff gespannte Nacht erstrahlt.
Eulalie tot am Ast des Baums.
Tintenfässer aller Städte
kippen langsam Tinte aus.
Schwarze Schneiderpuppen decken
den verschneiten Acker zu,
liegen dort in langen Reihen,
stöhnend in versehrter Stummheit.
Ein gebrochener Schnee setzt ein.
Eulalie weiß am Ast des Baums.
Nickelzacken in der Seite,
deren Spitzen sich berühren.

*

Über den verbrannten Himmeln
eine strahlende Monstranz.
Ringsum Kehlen voller Ströme,
Zweige voller Nachtigallen.
Glas zerspringt in tausend Farben!
Eulalie weiß im weißen Glanz.
Engelscharen und Seraphe
sprechen: Heilig, heilig, heilig.

17

Burla de Don Pedro a caballo

Romance con lagunas

A Jean Cassou

Por una vereda
venía Don Pedro.
¡Ay cómo lloraba
el caballero!
Montado en un ágil
caballo sin freno,
venía en la busca
del pan y del beso.
Todas las ventanas
preguntan al viento,
por el llanto oscuro
del caballero.

PRIMERA LAGUNA

Bajo el agua
siguen las palabras.
Sobre el agua
una luna redonda
se baña,
dando envidia a la otra
¡tan alta!
En la orilla,
un niño,
ve las lunas y dice:
¡Noche; toca los platillos!

17
Don Pedro hoch zu Roß verballhornt

Romanze mit Lagunen

Für Jean Cassou

Auf einem Weg
kam Don Pedro geritten.
O wie er weinte,
der vornehme Herr!
Auf einem flinken
Pferd ohne Zügel
kam er und suchte
Brot und Kuß.
Und alle Fenster
fragten die Winde
nach dem dunklen Weinen
des vornehmen Herrn.

ERSTE LAGUNE

Unter Wasser
gehn die Wörter weiter.
Auf dem Wasser
schwimmt
ein runder Mond,
neidvoll betrachtet ihn der andere,
hoch droben!
Ein Junge
am Ufer
sieht die Monde und ruft aus:
Laß die Becken klingen, Nacht!

SIGUE

A una ciudad lejana
ha llegado Don Pedro.
Una ciudad lejana
entre un bosque de cedros.
¿Es Belén? Por el aire
yerbaluisa y romero.
Brillan las azoteas
y las nubes. Don Pedro
pasa por arcos rotos.
Dos mujeres y un viejo
con velones de plata
le salen al encuentro.
Los chopos dicen: No.
Y el ruiseñor: Veremos.

SEGUNDA LAGUNA

Bajo el agua
siguen las palabras.
Sobre el peinado del agua
un círculo de pájaros y llamas.
Y por los cañaverales,
testigos que conocen lo que falta.
Sueño concreto y sin norte
de madera de guitarra.

FORTSETZUNG

Eine Stadt in weiter Ferne
hat Don Pedro dann erreicht.
Eine Stadt in weiter Ferne
und in einem Zedernwald.
Ist es Bethlehem? Man riecht
Zitronenkraut und Rosmarin.
Dachterrassen und Gewölk
leuchten auf im Licht. Don Pedro
reitet durch zerbrochne Bögen.
Zwei Frauen und ein alter Mann,
Silberlampen in den Händen,
kommen ihm entgegen.
Die Pappeln sagen: Nein.
Und die Nachtigall: Mal sehen.

ZWEITE LAGUNE

Unter Wasser
gehn die Wörter weiter.
Auf dem gekämmten Haar des Wassers
ein Kreis aus Vögeln und Flammen.
In den Zuckerrohrfeldern
Zeugen, die wissen, was fehlt.
Klarer richtungsloser Traum
aus Gitarrenholz.

SIGUE

Por el camino llano
dos mujeres y un viejo
con velones de plata
van al cementerio.
Entre los azafranes
han encontrado muerto
el sombrío caballo
de Don Pedro.
Voz secreta de tarde
balaba por el cielo.
Unicornio de ausencia
rompe en cristal su cuerno.
La gran ciudad lejana
está ardiendo
y un hombre va llorando
tierras adentro.
Al Norte hay una estrella.
Al Sur un marinero.

ÚLTIMA LAGUNA

Bajo el agua
están las palabras.
Limo de voces perdidas.
Sobre la flor enfriada,
está Don Pedro olvidado
¡ay! jugando con las ranas.

FORTSETZUNG

Auf dem ausgetretenen Weg
sind zwei Frauen und ein Greis,
Silberlampen in den Händen,
Richtung Friedhof unterwegs.
Zwischen Krokusblüten
fanden sie die Leiche
von Don Pedros
düsterem Pferd.
Geheime Abendstimme schrie
kläglich nach dem Himmel.
Einhorn der Verlassenheit
schlägt sein Horn am Glas entzwei.
Die große Stadt in der Ferne
brennt lichterloh,
und ein Mann geht weinend
landeinwärts davon.
Im Norden steht ein Stern.
Im Süden ein Matrose.

LETZTE LAGUNE

Unter Wasser
liegen die Wörter.
Schlamm verlorener Stimmen.
Auf erkalteter Blüte
liegt Don Pedro ganz vergessen,
ach! und spielt mit den Fröschen.

18
Thamar y Amnón

Para Alfonso García Valdecasas

La luna gira en el cielo
sobre las tierras sin agua
mientras el verano siembra
rumores de tigre y llama.
Por encima de los techos
nervios de metal sonaban.
Aire rizado venía
con los balidos de lana.
La tierra se ofrece llena
de heridas cicatrizadas,
o estremecida de agudos
cauterios de luces blancas.

*

Thamar estaba soñando
pájaros en su garganta,
al son de panderos fríos
y cítaras enlunadas.
Su desnudo en el alero,
agudo norte de palma,
pide copos a su vientre
y granizo a sus espaldas.
Thamar estaba cantando
desnuda por la terraza.
Alrededor de sus pies,
cinco palomas heladas.

18
Thamar und Amnon

Für Alfonso García Valdecasas

Durch den Himmel kreist der Mond
über Landschaft ohne Wasser,
und der Sommer sät Geräusche
wie von Tigern und von Flammen.
Während oberhalb der Dächer
Nerven aus Metall erklangen,
und die Luft war kraus und hing
voll mit wolligem Geblök.
Schartig mit vernarbten Wunden
oder bebend und von weißen
Lichtern hie und da gebrandmarkt
bietet sich die Erde dar.

*

Träumend aber stand Thamar,
spürte Vögel in der Kehle,
hörte kalte Tamburine
und vom Mond gestimmte Zithern.
Leitstern auf dem Dach ihr Körper,
nackter Umriß, palmenklar,
wünscht sich Flocken auf dem Bauch,
wünscht sich Hagel auf dem Rücken.
Singend aber stand Thamar,
nackt war sie auf der Terrasse,
rund um ihre Füße pickten
fünf zu Eis gefrorene Tauben.

Amnón, delgado y concreto,
en la torre la miraba,
llenas las ingles de espuma
y oscilaciones la barba.
Su desnudo iluminado
se tendía en la terraza,
con un rumor entre dientes
de flecha recién clavada.
Amnón estaba mirando
la luna redonda y baja,
y vio en la luna los pechos
durísimos de su hermana.

*

Amnón a las tres y media
se tendió sobre la cama.
Toda la alcoba sufría
con sus ojos llenos de alas.
La luz maciza, sepulta
pueblos en la arena parda,
o descubre transitorio
coral de rosas y dalias.
Linfa de pozo oprimida,
brota silencio en las jarras.
En el musgo de los troncos
la cobra tendida canta.
Amnón gime por la tela
fresquísima de la cama.
Yedra del escalofrío
cubre su carne quemada.
Thamar entró silenciosa

An der Zinne stand Amnon,
schlank und starr, und sah sie an,
hatte Schaum um seine Leisten
und ein Zittern um den Bart.
Hell in seiner Nacktheit streckte
er sich aus auf der Terrasse;
zwischen seinen Zähnen klang es
wie der Einschlag eines Pfeils.
Und Amnon sah, wie der Mond
rund und tief am Himmel stand,
und er sah im Mond die harten,
harten Brüste seiner Schwester.

*

Um halb vier am Nachmittag
legte sich Amnon aufs Bett.
Seine Augen voller Flügel
peinigten das ganze Zimmer.
Das massive Licht begräbt
Dörfer unter braunem Sand
und deckt flüchtige Korallen –
Rosen oder Dahlien – auf.
Unterdrücktes Brunnenwasser
brütet Schweigen in den Krügen.
Und auf moosbewachsenen Stämmen
streckt die Kobra sich und singt.
Leise stöhnend liegt Amnon
auf dem kühlen Stoff des Bettes.
Efeu kalter Schauer rankt sich
über sein versengtes Fleisch.
Lautlos trat Thamar ins Zimmer,

en la alcoba silenciada,
color de vena y Danubio,
turbia de huellas lejanas.
Thamar, bórrame los ojos
con tu fija madrugada.
Mis hilos de sangre tejen
volantes sobre tu falda.
Déjame tranquila, hermano.
Son tus besos en mi espalda,
avispas y vientecillos
en doble enjambre de flautas.
Thamar, en tus pechos altos
hay dos peces que me llaman
y en las yemas de tus dedos
rumor de rosa encerrada.

*

Los cien caballos del rey
en el patio relinchaban.
Sol en cubos resistía
la delgadez de la parra.
Ya la coge del cabello,
ya la camisa le rasga.
Corales tibios dibujan
arroyos en rubio mapa.

*

¡Oh, qué gritos se sentían
por encima de las casas!
Qué espesura de puñales
y túnicas desgarradas.

lautlos lag das Schlafgemach,
venen- oder donaufarben,
aufgewühlt von fernen Spuren.
Lösch mein Augenlicht, Thamar,
du bist ewig früher Morgen.
Dünne Fäden meines Blutes
weben Rüschen auf dein Kleid.
Bruder, bitte, laß mich los.
Deine Küsse auf dem Rücken
sind Hornissen, kleine Winde,
wilder Doppelschwarm aus Flöten.
Ach Thamar, in deinen Brüsten
sind zwei Fische, die mich rufen,
und in deinen Fingerkuppen
Lärm von eingesperrten Rosen.

*

Und des Königs hundert Pferde
wieherten im Innenhof.
Sonnenkuben widersetzten
sich der schlanken Macht des Weinlaubs.
Da ergreift er sie am Haar,
Da zerreißt er ihr das Hemd.
Lauwarme Korallen zeichnen
Bäche ein auf blonder Karte.

*

Was für Schreie wurden da
über allen Häusern laut!
Was für ein Gestrüpp von Dolchen
und zerrissenen Tunikas!

Por las escaleras tristes
esclavos suben y bajan.
Émbolos y muslos juegan
bajo las nubes paradas.
Alrededor de Thamar
gritan vírgenes gitanas
y otras recogen las gotas
de su flor martirizada.
Paños blancos, enrojecen
en las alcobas cerradas.
Rumores de tibia aurora
pámpanos y peces cambian.

*

Violador enfurecido,
Amnón huye con su jaca.
Negros le dirigen flechas
en los muros y atalayas.
Y cuando los cuatro cascos
eran cuatro resonancias,
David con unas tijeras
cortó las cuerdas del arpa.

Auf den trübsinnigen Treppen
steigen Sklaven auf und nieder.
Spiel der Kolben und der Schenkel
unter stillgestellten Wolken.
Schreiende Zigeunerjungfrauen
drängen sich rings um Thamar,
andre sammeln noch die Tropfen
der gequälten Mädchenblüte.
Weißer Stoff verfärbt sich rot
hinter wohlverschlossenen Türen.
Weinblätter und Fische tuscheln
Klatsch von warmer Morgenröte.

*

Tobend springt Amnon, der Schänder,
auf sein Pferd und sucht das Weite.
Von den Mauern schießen ihm
Mohren ihre Pfeile nach.
Und als die vier Pferdehufe
vier entfernte Echos waren,
da nahm David eine Schere
und zerschnitt die Harfensaiten.

Gewaltakt und Verklärung

> Auferstehn wird er im Liede,
> Und sein Ruhm wird kolossal
> Auf vierfüßigen Trochäen
> Über diese Erde stelzen.
>
> Heinrich Heine, *Atta Troll*

Wer wollte heute noch im Romanzenvers über diese Erde stelzen? Diese Frage stellten sich manche Leser, als ein kaum bekannter Lyriker namens Federico García Lorca im Jahr 1928 mit seinen *Zigeunerromanzen* einen Massenerfolg landete, der ihn über Nacht berühmt machte. Die Frage stellt sich notgedrungen auch der Übersetzer, der das Buch ein Dreivierteljahrhundert später neu ins Deutsche bringen soll. Es ist die Frage nach einer literarischen Form, nach einer bestimmten Art, Sätze zu Mustern zu ordnen. Solche Muster werden als Identitätszeichen wahrgenommen – im Fall des Romanzenverses gar als nationale Identitätszeichen. Die Form der spanischen Romanze ist denkbar einfach: eine Reihe achtsilbiger Verse, von denen jeder zweite gereimt ist, und zwar durch Assonanz oder Halbreim, das heißt durch bloß vokalischen Gleichklang. Daraus entstehen erzählende Gedichte, die sich einerseits durch die unaufdringliche Lautverbindung der Assonanz auszeichnen, die durch das ganze Gedicht »fließt«; andererseits durch die Neigung zum Parallelismus. Die Verse fallen fast von selbst in Paare –

> Los caballos negros son.
> Las herraduras son negras.
>
> Schwarze Pferde sind es.
> Es sind schwarze Eisen.

Die Paarigkeit und der intermittierende Reim rühren daher, daß die kurzen Romanzenverse eigentlich Hälften, Zerfallsprodukte eines älteren Langverses sind. Das so entstandene, unschuldige Gebilde ist seit der europäischen Romantik zu einem Symbol geworden, das mit Spanien-Ideologie nicht weniger befrachtet ist als Stierkampf und Flamenco. »Die Romanze ist der metrische Fuß, auf dem die ganze spanische Sprache, egal ob Vers oder Prosa, läuft ...«, doziert der Dichter Juan Ramón Jiménez noch 1954 und wiederholt damit ein Lieblingsspiel der deutschen Frühromantik, das darin besteht, kulturelle Identitäten aus bestimmten künstlerischen Formen abzulesen: »Im Ganzen ist die spanische Romantische Poesie eine Romanze, die Italiänische eine Novelle, die Engländische eine History«, notierte sich etwa Friedrich Schlegel im Jahr 1797. Die spanische Romanze ist der Inbegriff geschichtlicher Langlebigkeit: Sie blieb als Form über sieben Jahrhunderte, von den anonymen Sammlungen des Spätmittelalters, den *Romanceros*, bis zu den Künstlerromanzen des 19. und 20. Jahrhunderts, stabil und brauchbar. Das enorme Prestige der spanischen Romanze in der europäischen Romantik (die ja nicht von ungefähr so heißt) wirkte dabei als eine Art Verstärker. Ohne diesen Effekt wären die späten Romanzen-Revivals in Spanien undenkbar, undenkbar auch, daß ein Zeitgenosse von Dada und Surrealismus am Vorabend der Weltwirtschaftskrise mit einem Buch namens *Zigeunerromanzen* Furore macht. Tatsächlich war die Generation Lorcas die letzte Generation spanischer Dichter, die ohne bewußten und schrillen Anachronismus mit dieser erzromantischen Form umgehen konnte. Doch wofür die Romanze herhalten mußte, das verkörpert sie auch: Mit ihrer offenen, ins Unendliche fortsetzbaren Struktur ist sie ein formgewordenes Kontinuitätsversprechen. Daher kommt es wohl, daß spanische Autoren, wenn immer sie »Romanze« sagen, an Flüssigkeiten denken müssen – »Die Romanze, der Strom der spanischen Sprache« lautet nicht von ungefähr der Titel des schon zitierten Vortrags von Juan Ramón Jiménez.

An Flüssigkeiten denken auch Lorcas Kritiker. Im September 1928, als sich der beispiellose Erfolg der *Zigeunerromanzen* abzeichnet, melden sich auch Luis Buñuel und Salvador Dalí in zwei denkwürdigen Briefen zu Wort. (Die Beziehung Lorca – Buñuel – Dalí, die offensichtlich Züge eines sadomasochistischen Infernos aufwies, war dessen ungeachtet eine höchst produktive Konstellation, *das* neuralgische Dreieck der spanischen Kunst im 20. Jahrhundert.) Die jungen Herren Avantgardisten können über Lorcas hybrides Spiel mit traditionellen Formen nicht lachen. Sie protestieren im Namen des gemeinsamen Kampfes gegen das bürgerliche Establishment, die Welt der *putrefactos* (der Aasbande). Buñuel, damals angehender Filmemacher in Paris, schreibt an einen gemeinsamen Freund:

> Sein Romanzenbuch finde ich (und mit mir alle Leute, die jemals ein paar Schritte aus Sevilla heraus gekommen sind) einfach schlecht. Es ist Dichtung von der zierlichen und *ungefähr* modernen Art, so wie sie heute eben sein muß, um den Andrenios, den Baezas und den schwulen, cernudierten Dichtern aus Sevilla zu gefallen* (...) Da gibt es Dramatik für alle, die diese Art Flamenco-Dramatik mögen; da gibt es den Geist der klassischen Romanze für die, die bis in alle Ewigkeit

* Andrenio und Baeza waren bekannte Literaturkritiker; der schwule und cernudierte Dichter ist der Lyriker Luis Cernuda.

weiter in klassischer Romanze machen möchten; da gibt es sogar großartige und unerhörte Bilder, aber die sind sehr selten und vermengt mit einer *Handlung*, die mich immer mehr anwidert und die die spanischen Betten mit Menstruationsblut geflutet hat.

Buñuel, der keine schwulen Dichter mochte, stößt sich genau wie Dalí, von dem man das nicht behaupten kann, an bestimmten Bildern, vor allem an Lorcas tuntigem *Erzengel Michael* mit seinen Spitzenunterröckchen. Doch sein Ärger entzündet sich letztlich an der Form: an der Kontinuität, die sie hinter sich hat (an der öden »Ewigkeit« der klassischen Romanze), und an der Kontinuität, die sie im Gedicht stiftet – am erzählerischen Element, dem »flüssigen« Handlungsverlauf, der sich nicht gänzlich zu einer Serie unerhörter Bilder zerschlagen läßt.

Ungefähr zur gleichen Zeit meldet sich bei Lorca der junge Salvador Dalí mit einem Brief, den man als eine Art sadistische Liebeswerbung verstehen kann; eine Werbung, die den literarischen Verriß zur Verstärkung des erotischen Kitzels einsetzt:

Die Lyrik, die du zur Zeit schreibst, ist ganz und gar *traditionell*, ich spüre in ihr *die dickste poetische Substanz, die es je gab*: aber! absolut gefesselt an die Regeln der alten Dichtung, unfähig, uns noch aufzuregen und unsere heutigen Wünsche zu befriedigen. Deine Dichtung ist mit Händen und Füßen an die alte Dichtung gefesselt. Du hältst vielleicht manche Bilder für gewagt oder findest in deinen Sachen eine höhere Dosis Irrationalität, aber ich kann dir sagen, daß deine Gedichte nicht über die *Bebilderung* der einförmigsten und konformistischsten Gemeinplätze hinauskommen …

Mein kleiner Federico, in deinem Buch (…) habe ich

> dich gesehen, wie du leibst und lebst, du kleines Biest, du erotisches kleines Biest, mit deinem Geschlecht und deinen *kleinen Augen deines Körpers*, und deinen Haaren und deiner Todesangst, und deinem Bedürfnis danach, daß, wenn du sterben mußt, *die Herren es erfahren*, mit deinem geheimnisvollen Geist, der aus lauter dummen kleinen *Rätseln* und aus einer direkten horoskopischen Beziehung besteht; mit deinem dicken Daumen in direkter Beziehung zu deinem Schwanz und zu den Feuchtigkeiten der Sabberseen aus bestimmten Arten von *behaarten Planeten*, die es gibt …
>
> Ich liebe dich für das, was dein Buch über dich enthüllt, und das ist das genaue Gegenteil der Realität, die die Aasbande aus dir gemacht hat. Ein Zigeuner mit dunkler Haut und schwarzem Haar, kindlichem Herzen (…) Dich, du Seezunge, wie du in deinem Buch sichtbar wirst, liebe und bewundere ich, du dicke Seezunge, und an dem Tag, an dem du die Furcht verlierst, auf Salinas* und seinesgleichen scheißt und das Reimen sein läßt, mit einem Wort, die Kunst, oder was die Schweine darunter verstehen, – an dem Tag wirst du lustige, haarsträubende, eindringliche, poetische Sachen machen, wie sie kein Dichter vor dir zustande gebracht hat.

Doch nicht nur die Avantgardisten nehmen Anstoß. Auch Traditionalisten und Puristen haben etwas auszusetzen. Ihnen sind Lorcas Romanzen nicht einfach, nicht kindlich, nicht echt genug. In diesem Sinne wird sich Jahre nach Lorcas Tod der König der *putrefactos* höchstpersönlich äußern. Juan Ramón Jiménez schreibt:

> Ich glaube, Federico García Lorcas Romanze gehört ganz zur Tradition unseres artistischen *Romancero*,

* Pedro Salinas, Dichter und Literaturprofessor, lebte damals in Sevilla.

> der innerhalb des echt Spanischen so durchaus zweitrangig ist; und wenn ich artistisch sage, dann meine ich nachgemacht, mit dem Ziel, ihn durch virtuose Volkstümlichkeit zu verbessern. (...) Der *Romancero general*, dieser große Fluß der Flüsse, der immerfort unter den Brücken und durch die Ebenen dahinströmt, ohne jemals zu versiegen, obwohl seine Erfindung abgeschlossen ist und er immer wieder seine grenzenlose Kreisbahn durchläuft, dieser Fluß (egal wie tragisch, episch oder graphisch er verläuft) führt reineres, klareres, eigentlicheres Wasser als die *Zigeunerromanzen*, in denen alles metaphorische Pose und rhythmische Bildhauerei ist, mit einer Menge Anleihen beim Schlager.

Wie diese doppelte Ablehnung zeigt, machen es die *Zigeunerromanzen* keiner der beiden Fraktionen recht. Gerade darin liegt aber ihr Erfolgsgeheimnis: das schmale Bändchen erweist sich bei näherem Hinsehen als aufreizend hybrid; Lorca tanzt halsbrecherische Tänze auf dem zum Zerreißen gespannten Seil der traditionellen Form. Genüßlich bedient er etwa den Zigeunermythos, ein Standardelement der internationalen Andalusienfolklore (heutiger Andalusien-Pop beruft sich nur zu gerne auf den Autor der *Zigeunerromanzen*); und zwar entgegen anderslautenden Beteuerungen: Sein *Romancero*, erklärt er, sei »ein anti-pittoreskes, anti-folkloristisches, ein Anti-Flamenco-Buch. In dem kein einziges kurzes Jäckchen, kein Torero-Anzug, kein flacher Hut und kein Tamburin auftaucht ...« In Wirklichkeit handhabt er das gesamte Carmen-Inventar, egal ob es sich um Tamburine, Messer, Kastagnetten, Kartenlegerei oder den Kult der Jungfräulichkeit handelt. Doch seine metaphorischen Handstreiche reißen diese Klischees aus ihren gewohnten Zusammenhängen und versetzen sie an jene »Ecke der unverhofften Begegnung«, von der die *Romanze von der Guardia Civil* spricht. An dieser Ecke erscheinen die Klischees rhetorisch und rhythmisch verwandelt. Die Zigeunerfolklore produziert auf einmal »tausend Tamburins aus Glas, die die Dämmerung verletzten«, oder magnetische Landschaften, »wo ein aderloser Körper Karten legt so kalt wie Eis«. Hybridisierung ist das Prinzip dieses Stils, der Verse wie Prozessionen veranstaltet, in denen das Ähnliche und das Unähnliche sich durcheinanderdrängelt, ineinanderschiebt: Römer und Karthager, Engel und Messerstecher, biblische Gestalt und Zigarettenschieber, Schmuggler und Heilige Jungfrau, Erzengel und Transvestit, Märtyrer und S/M-Studio, Pampelmuse und Wunde Christi, Hintern und Planet, Bethlehem und Kognakflasche. Viele dieser Mesalliancen entstehen durch geschickte Ausbeutung der katholischen Folklore. Wie wird der Erzengel Michael zum »Fürst der ungeraden Zahlen«? Er muß es nicht erst werden; schließlich ist *San Miguel* traditionell für das Glück in der Lotterie zuständig, wo der Aberglaube die ungeraden Zahlen bevorzugt. Von den *Zigeunerromanzen* führt ein gerader Weg zu gewissen blasphemischen Tricks der Buñuel und Saura und weiter zu Almodóvar, dem Erfinder einer Waschmittelwerbung namens *Ecce Omo*.

Hybrid ist auch das Körpertheater, das diese Romanzen spielen, vor allem in bezug auf die Geschlechtsmerkmale. Dieses Theater beschränkt sich nicht darauf, Erzengeln Spitzenröcke umzuhängen, es verändert die Körper direkt. Brüste zum Beispiel werden als Fetische inszeniert: Der Mond zeigt »Brüste aus getriebenem Zinn«, die biblische Prinzessin Thamar trägt phallische Fische in den ihren, und Soledad Montoya, die Verkörperung des schwarzen

Elends, erscheint mit »rauchgeschwärzten Amboßbrüsten«, was eher nach Köhler-Erotik klingt als nach weiblichen Geschlechtsattributen. Und weil all diese Brüste schon einmal so fetischistisch isoliert sind, werden sie auch gerne abgeschnitten und als separates Gericht serviert – eine Operation, die Lorca gleich zweimal ausführt, wohlweislich gegen Ende seines Buches. Zerstückelungsphantasien sind überhaupt eine seiner Vorlieben, die es nebenbei erlaubt, gewohnte Zusammenhänge aufzulösen und Heterogenes zusammenzubringen – eine Tendenz, die die Gedichte zunächst einmal im formalen Sinn, als Schnitt-Technik, bestimmt, die schließlich aber sehr konkret im großen *Martyrium der heiligen Eulalie* kulminiert. Zumindest in dieser Hinsicht weiß sich Lorca mit der zeitgenössischen Ästhetik des Herrn Dalí im Einklang.

Hybrid sind aber nicht nur die Gegenstände, hybrid ist auch Lorcas Umgang mit der Form. Zu Recht bekritteln die Puristen die Verfälschung des alten, epischen Romanzentons mit seiner schlichten, anonymen Erzählerstimme. *Romanceros* sind Sammlungen anonymer Einzelgedichte, »Naturpoesie«, wie die Romantiker sagten, frei vom modernen Verhängnis individueller Autorschaft. »Bei den spanischen Romanzen ists eigentlich einerlei, wer sie gemacht hat. Es ist ein Ton in allen; sollte wenigstens ...«, heißt es bei Friedrich Schlegel. Die Idee, eine solche Sammlung als Werk eines individuellen Autors nachzustellen, ist jedoch gleichfalls ein romantischer Einfall, der gerade in der deutschen Literatur hohe Konjunktur hatte; Herders *Cid*, Friedrich Schlegels *Roland*, Brentanos *Romanzen vom Rosenkranz*, Heines *Romanzero* und viele andere können es bezeugen. Der vollständige Titel von Lorcas Buch drückt dieses Spiel mit der Anonymität von Volkes

Stimme noch einmal aus; *Primer romancero gitano* – das kann heißen: »die erste Sammlung von Zigeunerromanzen« (innerhalb der Tradition) oder aber: »Zigeunerromanzen, erstes Buch« (Fortsetzung folgt). Lorca kokettiert mit der Anonymität des Romanzenerzählers, um sie zugleich zu brechen. Sein Erzähler fällt aus der Rolle, indem er sich ins Geschehen einmischt. Erzähler und Figur, so will es die epische Illusion, können nicht zusammenkommen, weil sie getrennte Welten bewohnen. Doch in Lorcas *Romanze vom schwarzen Elend* entwickelt sich aus einer bloß rhetorischen Anrufung überraschend ein Dialog zwischen Erzähler und Figur, weil Soledad Montoya auf einmal ihrem Erzähler antwortet. Und Antoñito el Camborio besitzt gar die Taktlosigkeit, den Erzähler sterbend beim Namen zu rufen: »Ach, Federico García, ruf mir die Guardia Civil!« Ausgerechnet die Guardia Civil! Doppelter, dreifacher Rollenbruch. – Solche ironischen Effekte sind ein Verfahren der Avantgarde von vorgestern, der Romantiker, die derartige Illusionsbrüche als *Parekbase* bezeichneten.

Auch den Ton der alten Romanze bricht Lorca und kreuzt ihn systematisch mit einem anderen, der beim ersten Hören so klingt, als sei er immer schon im Ohr gewesen. Es ist der Ton des Liedes, des Schlagers, der spanischen *copla*. »Verde que te quiero verde« – »grün wie ich dich liebe grün«: die legendären Ohrwürmer der *Zigeunerromanzen* sind Zitate oder Imitationen der populären *copla*. Deren Bauprinzip aber ist die Strophe, eine geschlossene Form, deutlich unterschieden vom offenen Fluß der Romanzenverse. Der Romanzenfluß wird dadurch aufgebrochen, er zerfällt nicht selten auch im Druckbild in eine Reihe von Liedstrophen. Dazu kommen liedhafte Elemente wie Wiederholung und Refrain. Bei Lorca gibt es Romanzen mit ungeraden Verszahlen und solche, die mit dem reimenden Vers beginnen, was dem Romanzenpuristen ein Greuel sein muß, weil sein altkastilisches Ohr immer nur Verspaare wahrnimmt, die für ihn eine unauflösliche Einheit bilden. Ein Beispiel für solche Asymmetrie ist das Gedicht *Die untreue Ehefrau*. Seinen Ausgangspunkt bildet ein dreizeiliges Liedchen, das der Autor irgendwo in Andalusien aufgeschnappt hat, ebenso wie das berühmte *Verde que te quiero verde* und manchen anderen magnetischen Splitter, den er in seine Romanzen einsetzte. Lorca verfährt mit der Romanzenform, wie es schon die Romantiker taten: er behandelt sie lyrisch, liedhaft. Freilich treibt er das Spiel um einiges weiter: die Erzählung zerfällt bei ihm in eine Reihe suggestiver Momentaufnahmen, und die Metapher entfaltet ein Eigenleben, das wie ein hysterisches Symptom scheinbar zusammenhangslos auftritt. »Ajo de agónica plata«, »Knoblauchzeh aus siechem Silber«: das ist zwar nicht mehr der lyrische Mond des 19. Jahrhunderts, wohl aber sein direkter, wenn auch extravaganter Abkömmling.

Man muß sich fragen, warum Lorca, wenn auch ironisch, an der Romanzenform festhielt. Die privaten Verrisse Dalís und Buñuels zeigen, daß er einem beträchtlichen Druck ausgesetzt war, endlich einen Schnitt zu setzen und die formale Verbindung zur Tradition zu kappen (was er dann mit den *Prosagedichten* und den freien Versen von *Dichter in New York* auch prompt unternahm). Die Antwort dürfte lauten, daß der Autor der *Zigeunerromanzen* nicht frei war, sich von der gebundenen Form zu lösen. Das Kontinuitätsversprechen des Romanzenverses bildet zu diesem Zeitpunkt noch eine ebenbürtige Gegenkraft gegen die avantgardistische Lust am Schnitt. Läßt man die einzelnen Romanzen Revue passieren, so stellt man fest, daß ein Großteil von ihnen damit befaßt ist, eine oder mehrere Leichen zu produzieren und sie anschließend mit einem Glorienschein zu umhüllen. Gewaltakt und Verklärung ist das Schema, dem sie gehorchen – Gewaltverherrlichung also in einem sehr elementaren Sinn dieses Wortes. Der rituelle Akt, der diesen Romanzen am ehesten entspricht, ist die feierliche Aufbahrung, das heißt die ästhetische Inszenierung der Leiche. Eben diese rituelle Fixierung des Toten wird dem Autor später, in den trauerkranken Texten von *Dichter in New York* (wo die Toten verschwinden und wiederkehren, wie es ihnen paßt), nicht mehr gelingen. In seinem letzten zu Lebzeiten veröffentlichten Gedicht, der *Klage um Ignacio Sánchez Mejías*, wird er sie jedoch noch einmal nostalgisch zelebrieren.

In der *Mondsüchtigen Romanze*, diesem *Erlkönig* auf andalusisch, hat die Verklärung drei Stufen: Ein totes Kind wird auf einen Amboß drapiert wie auf einen Altar, dann an den Himmel versetzt und schließlich mit der ganzen Szenerie in einer zeremoniellen Schlußgeste verhüllt. In *Messerstecherei* werden die Toten von himmlischen Boten umschwebt und umrahmt:

> Und schwarze Engel flogen
> im Sonnenuntergang.
> Engel mit langen Zöpfen.
> Engel mit Herzen aus Öl.

Die *Hypnotische Romanze*, die formal manche Ähnlichkeit mit einem Wiegenlied hat, zeigt am Ende die erhängte Zigeunerin in stiller, pendelnder Bewegung und in einer Aura aus Mondlicht. Das leichenstarre Profil des erschlagenen Camborio wird in der zweiten ihm gewidmeten Romanze buchstäblich zum Münzbild fixiert und ebenfalls mit Engeln umrahmt. Fixiert, ja versteinert ist auch das Schlußbild der *Romanze vom Vorgeladenen*, dieser Chronik eines angekündigten Todes, deren Pointe darin besteht, einen Gewaltakt nicht erst im nachhinein, sondern schon im voraus zur rituellen Handlung zu stilisieren:

> Und das makellose Laken
> mit dem römischen Akzent
> hielt mit kerzengraden Bahnen
> diesen Tod im Gleichgewicht.

Die *Romanze von der Guardia Civil* vollbringt das Kunststück, nach Pogrom und Gewaltorgie in ein Bild einzumünden, das die zwei schon bekannten Schlußformeln zusammenbringt – Beruhigung durch wiegende Bewegung und durch Versteinerung:

> Und als kein Dach mehr da war,
> nur Furchen in der Erde,
> da wiegt der Tag die Schultern,
> ein Schattenriß aus Stein.

Anschließend erscheint die Zigeunerstadt noch einmal in einer Aureole aus Flammen. Seinen drastischen Höhepunkt erreicht das Schema von Gewaltakt und Verklärung schließlich im *Martyrium der heiligen Eulalie*, wo es zugleich auf seinen Ursprung zurückgeführt wird. Dieser Ursprung ist die christliche Märtyrerlegende, genauer gesagt ihr Herzstück: die Darstellung des geschundenen Körpers im himmlischen Licht *(gloria passionis)*.

Hier liegt der Grund dafür, daß der Autor der Zigeunerromanzen gegen gewisse avantgardistische Imperative verstoßen mußte. Was ihn dazu zwingt, ist die rituelle Notwendigkeit der Verklärung, das heißt der abgemilderten Trauer. Er braucht die gebundene Form (das, was Dalí die Ästhetik der Schweine nennt) als Form dieser gefaßten Trauer. Der Reim ist der Schrein, in den er liebevoll seine Leichen legt. Die *pena negra*, das schwarze Elend, ist deshalb so bodenlos nicht, wie das gleichnamige Gedicht behauptet. Aber dieses Elend, das zwischen Trauer und Schmerz die Mitte hält, bildet dennoch den Schlüssel zu dieser Romanzensammlung. Die fließende Romanzenform ist derjenige Faktor, der der Zerstückelung der Gedichte zu einer Serie explosiver Metaphern entgegenarbeitet. Der sadistische Überschuß, die Lust am Schneiden, die die zeitgenössischen Arbeiten von Dalí und Buñuel auszeichnet, ist auch bei Lorca wirksam – seine Schnittechnik ist die Metapher –, aber sie trifft auf eine verbindende Gegenkraft, die die beiden angehenden Surrealisten mit sicherem Instinkt attackierten. Was sie ärgerte, ja anekelte, war nichts anderes als die materielle Kontinuität des »unendlichen« Romanzenverses, den Buñuel nicht von ungefähr mit einem zyklischen Fluß assoziiert: dem Tabu der Menstruation.

Als Antwort Dalís und Buñuels auf den Erfolg seiner Romanzen betrachtete Lorca, wohl nicht ganz zu Unrecht, das Werk, mit dem die beiden nun ihrerseits schlagartig bekannt wurden: den 1929 in Paris uraufgeführten Film *Ein andalusischer Hund*, ein Manifest der Schnittlust und der Schnittechnik. »Buñuel hat so einen Scheißfilm gedreht, ganz mickrig, der sich *Ein andalusischer Hund* nennt, und der andalusische Hund bin ich!« lautet Lorcas allerdings nur von Buñuel selbst überlieferter Kommentar. Was immer der Autor auf sich bezogen haben mag: man kann die Eröffnungssequenz des Films als Parodie auf seine Lieblingsmetapher verstehen. Wie die *Zigeunerromanzen* beginnt der *Andalusische Hund* mit dem Vollmond: auf das Bild des Mondes, durch den eine schmale Wolke zieht, folgt die Großaufnahme eines Auges, durch das ein Rasiermesser gezogen wird. Eine schlagende Demonstration dessen, was Lorca durch das Festhalten an der Romanzenform vermeidet: Bilder ohne erzählerische Verknüpfung, die nur noch metaphorisch aufeinander beziehbar sind; und Gewaltakte ohne rituelle Verklärung, reine Schnitte.

Für den deutschen Leser beruht die Irritation der *Zigeunerromanzen* nicht auf ihrer Nähe oder Distanz zum Surrealismus, der letzten Avantgarde; auch nicht auf ihrem ironischen Verhältnis zur langen spanischen Romanzentradition; was die Lektüre einer deutschen Zigeunerromanze zur unheimlichen Erfahrung machen kann, ist etwas anderes: die befremdliche Erinnerung an eine eigene Tradition, die sich selbst doch nur als Aneignung einer fremden darstellte. Mit anderen Worten, es kann geschehen, daß man bei der Lorca-Lektüre plötzlich das Gefühl bekommt, die deutsche Übersetzung einer spanischen Rückübersetzung der Schlegelschen oder Eichendorffschen Version einer alten spanischen Romanze vor sich zu haben: ein Spiegelkabinett der Identitäten, in dem der Übersetzer riskiert, den Ausgang nicht mehr zu finden. Denn das Übersetzen spanischer Romanzen ins Deutsche ist alles andere als eine unschuldige Tätigkeit. Es ist im Gegenteil die romantische Tätigkeit par excellence. Herder, die Schlegels, Tieck, Brentano, Eichendorff, Fouqué, Uhland, Heine – alle haben sie spanische Romanzen, oder was sie dafür hielten, übersetzt oder nachgeahmt: eine stetig anschwellende

Woge vierfüßiger Trochäen, der Heine mit seinem *Atta Troll* die Schaumkrone aufsetzt. Das Romanzenmachen, so scheint es, war essentieller Teil der Bestrebungen deutscher Dichter, sich zu roman(t)isieren.

Doch warum gerade die Romanze? Es war nicht zuletzt ein Mangelgefühl, das dieser beispiellosen Konjunktur zugrunde lag. Der Name Romanze steht für einiges, was der deutschen Literatur fehlt: literarische Formen, die über Jahrhunderte stabil bleiben, zum Beispiel; dazu dichterische Gebilde, die so einfach und so flexibel sind wie Halbreim und silbenzählende Metrik, die ja beide den Vers nur unmerklich von der Prosa entfernen. Die Romantiker haben versucht, den federleichten Halbreim im Deutschen salonfähig zu machen; man kann nicht sagen, daß sie sich damit durchgesetzt hätten. Und für den spanischen achtsilbigen Vers bot sich ihnen kein Äquivalent als drei- oder vierhebige Jamben und Trochäen – rhythmisch viel starrer als das Original, im übrigen nicht zu unterscheiden vom Balladen- oder Volksliedvers. Allen Einbürgerungsversuchen zum Trotz blieb die spanische Romanze ein Symbol dafür, daß im Deutschen ein Rest von Zwang in Reim und Rhythmus mitschwingt; ein Symbol dafür, daß die deutsche Sprache beim Dichten immer ein wenig schwitzt.

Auch in der spekulativen Dichtungstheorie der Frühromantiker spielt die Romanze eine zentrale Rolle. Sie führt mitten hinein in das Schlegelsche Projekt einer »progressiven Universalpoesie«, einer neuen Dichtung, die alle Gattungsgrenzen überschreiten soll. Als freieste unter den gebundenen Formen erschien die Romanze wie das *missing link* zwischen Vers und Prosa, als lyrisch-episch-dramatische Mischform erhob sie Anspruch auf den von Goethe an die Ballade vergebenen Titel: »lebendiges Ur-Ei aller

Poesie«. Zur Suche nach solchen universalen Keimzellen kam für die Romantiker jedoch noch ein anderes Projekt: die Suche nach nationalen Ursprüngen, nach der jeder Nation eigenen Form der »Naturpoesie«. Die der Spanier, kein Zweifel, war die Romanze. Doch was war die deutsche Naturform? Hier klaffte eine Lücke. In Friedrich Schlegels Fragmenten kann man verfolgen, wie er diese Lücke zu schließen sucht. Er sucht nach der deutschen Romanze. Eine Zeitlang glaubt er sie im Knittelvers des Hans Sachs gefunden zu haben: »Jede Nation hat ihre Romanze und ihr eigenthümliches Metrum dafür; im Deutschen das Hans Sachsische.« Der längst als holprig und archaisch abgestempelte Knittelvers schien allerdings keine allzu glückliche Wahl. Später erklärt Schlegel, den Mangel eingestehend, die »deutsche Naturform« sei »neu zu construiren von Hans Sachs und Heldenbuch, von beiden ...« Eine ganze Reihe solcher Konstruktionen spielt er durch, bevor er dazu übergeht, einfach von »deutscher Romanze« zu schreiben, als ob es sie gäbe – weil es sie geben muß. Und weil es in allen Sprachen Romanzen geben muß und weil die Romanze alle Gattungen in sich trägt, so liegt die wahrhaft romantische Konsequenz auf der Hand: »Alle Poesie soll Romanze sein.« Und schwingt nicht auch in dieser grandiosen Parole noch ein leiser Groll mit: eigentlich müßte es deutsche Romanzen geben?

Nicht alle Poesie ist Romanze geworden. Aber etwas anderes ist geschehen, das Schlegels Spekulationen zugleich überholt und bestätigt hat. Im Feld der Lyrik hat sich tatsächlich eine Form durchgesetzt, die zwischen Vers und Prosa die Mitte hält: noch freier, noch flexibler, noch romantischer als die Romanze – der freie Vers. Es gehört zum hybriden Charakter von Lorcas *Zigeunerromanzen*, daß sie in einer Zeit entstanden, als sich der Siegeszug des freien Verses schon abzeichnete und nur *putrefactos* noch Romanzen schrieben. Aus deutscher Sicht jedoch wecken sie zugleich Erinnerungen an eine Zeit, als es hierzulande avantgardistisch war, zu sagen: »Alle Poesie soll Romanze sein.«

Martin v. Koppenfels

Nachweise:
Juan Ramón Jiménez, »El romanze, río de la lengua española«, in: *Política poética*, Madrid 1982, S. 249-294; Luis Buñuel, Brief an Pepín Bello (14. 10. 1928), in: Agustín Sánchez Vidal, *Buñuel, Lorca, Dalí – el enigma sin fin*, Barcelona 1988, S. 169-171; Salvador Dalí, Brief an Federico García Lorca (Anfang September 1928), in: *Poesía. Revista ilustrada de información poética* 27-28 (1987), S. 88-93; Federico Gacía Lorca, »Romancero gitano«, in: *Obras completas*, hrsg. v. Arturo del Hoyo, Bd. 3, Madrid 1989, S. 339-346; Lorcas Kommentar zu *Ein andalusischer Hund* in: Ian Gibson, *Federico García Lorca*, Frankfurt a. M. 1991, S. 312; Zitate aus Friedrich Schlegels nachgelassenen Fragmenten zur Poesie und Literatur nach: *Kritische Friedrich-Schlegel-Ausgabe*, hrsg. v. Ernst Behler, Bd. 16-17, Paderborn etc. 1981 und 1991, Fragmente V.1141, XIV.106, VII.88, IX.705, XVI.22.

Indice

Primer romancero gitano
1924-1927

Tres romances históricos

Inhalt

Zigeunerromanzen
1924-1927

Drei historische Romanzen